"互联网+"环境下的涉烟情报信息分析与研判

杨登慧 杨 洋 李 军 李 鹏
范翔宇 刘 婧 周 新 毛飞飞 编 著
冯文涛 王 乐

西北工业大学出版社
西 安

【内容简介】 本书主要从涉烟情报信息分析与研判的产生和发展、"互联网+"环境下的涉烟情报采集、存储、研判以及法律风险防控等方面，探讨了大数据时代下烟草专卖管理工作的新要求。本书中借鉴了公安、工商等执法部门先进的情报信息分析研判案例，希望能对涉烟情报信息分析与研判工作带来一些启示和借鉴。

本书可供烟草专卖稽查人员及各警种稽查人员参考和学习。

图书在版编目（CIP）数据

"互联网+"环境下的涉烟情报信息分析与研判 / 杨登慧等编著. —西安：西北工业大学出版社，2019.8
ISBN 978-7-5612-6543-7

Ⅰ.①互… Ⅱ.①杨… Ⅲ.①烟草专卖法 - 研究 - 中国 Ⅳ.①D922.294.4

中国版本图书馆CIP数据核字（2019）第170461号

"HULIANWANG+" HUANJING XIA DE SHEYAN QINGBAO XINXI FENXI YU YANPAN

"互联网+"环境下的涉烟情报信息分析与研判

责任编辑：李文乾　黄　佩	策划编辑：华一瑾
责任校对：华一瑾	装帧设计：李　飞
出版发行：西北工业大学出版社	
通信地址：西安市友谊西路127号	邮编：710072
电　　话：（029）88491757，88493844	
网　　址：www.nwpup.com	
印 刷 者：陕西向阳印务有限公司	
开　　本：850 mm×1 168 mm	1/32
印　　张：6.125	
字　　数：143千字	
版　　次：2019年8月第1版	2019年8月第1次印刷
定　　价：48.00元	

如有印装问题请与出版社联系调换

前　言

在国家烟草专卖制度确立之后，烟草行业发展对国家及各级地方财税的贡献力度是有目共睹的。特别是1992年《烟草专卖法》正式施行以来，在国家合理调控下、在各级地方政府的深切关注与大力支持下，烟草行业的蓬勃发展为增强区域财税实力做出了巨大的贡献。

2015年在执行国家烟草专卖局的"提税顺价"以后，制假、售假、走私、贩私者在丰厚的违法利益的诱惑下，涉烟违法犯罪活动从全国的形式来看都处于大幅度增长。并且涉烟犯罪在"互联网+"影响下形成的新的商业模式，对我们的市场，乃至于整个商业链都带来了巨大的冲击，在新型模式下涉烟犯罪愈演愈烈的当下，销量下滑；在打击难度增大的背景下我们的市场稽查大队，不断地以5+2白加黑的工作方式，来走访市场，加大市场检查力度，控制市场上的假、私、非、超。

"互联网+"是创新2.0下的互联网发展的新业态，是知识社会创新2.0推动下的互联网形态演进及其催生的经济社会发展新形态。"互联网+"是互联网思维的进一步实践成果，推动经济形态不断地发生演变，从而增强社会经济实体的生命力，为改革、创新、发展提供广阔的网络平台。

通俗来说,"互联网+"就是"互联网+各个传统行业",但这并不是简单的两者相加,而是利用信息通信技术以及互联网平台,让互联网与传统行业进行深度融合,创造新的发展生态。它代表一种新的社会形态,即充分发挥互联网在社会资源配置中的优化和集成作用,将互联网的创新成果深度融合于经济、社会各域之中,提升全社会的创新力和生产力,形成更广泛的以互联网为基础设施和实现工具的经济发展新形态。

"互联网+"环境下的卷烟市场形势瞬息万变,部分受到利益驱动的涉假分子,不思悔改,奸诈狡猾,在高额利润的驱动下,藐视法律,铤而走险,不顾后果地从事卷烟制假、售假、走私、贩私、非法流通等活动,造成市场上的假冒卷烟、走私卷烟、非法流通卷烟屡禁不止、屡打不绝。与此同时,"互联网+"环境下新型涉烟违法案件呈现出"经营网络化、运输高效化、配送多样化、资金融资化、销售隐蔽化、行踪诡秘化"等多种特征。

毫无疑问,这给烟草专卖管理部门的卷烟市场管理、卷烟打假破网工作增加了难度。鉴于此,如何适应新形势,提高市场控管能力和查处卷烟制假、售假、走私、贩私、非法流通等涉烟违法案件水平,已成为烟草专卖管理工作继续向前推进必须破解的一个重大课题。为有效打击涉烟违法犯罪,2009年国家烟草专卖局提出强化涉烟违法犯罪情报研判的课题。但如何有效提升情报收集、整理、研判却又是摆到烟草专卖管理部门面前的又一难题。

本书的编写是在对大量"互联网+"涉烟案件进行充分细致

的研究下形成的,主要阐述什么是"互联网+"涉烟犯罪,以及如何应对"互联网+"环境下的新型涉烟犯罪。论述烟草专卖情报信息分析研判的方法、烟草专卖情报信息分析研判的工作流程、烟草专卖情报信息分析研判的组织结构与人员配备、情报采集分析的法律风险防控等重点问题。另外本书收集了多个"互联网+"环境下的情报分析研判案例,以供烟草专卖工作人员学习和思考。

本书的编写分工如下:杨登慧负责第1章的编写及最终统稿,杨洋负责第2章的编写,夺军负责第3章的编写,李鹏负责第4.1~4.2节的编写,周新负责第4.3~4.4节的编写,范翔宇负责第5章的编写,刘婧负责第6章的编写,毛飞飞负责第7章的编写,冯文涛负责第8.1~8.3节的编写,王乐负责第8.4~8.8节及第9章的编写。

通过对本书的学习,希望烟草专卖工作人员能够提高情报信息收集分析研判和预警引导能力,主动适应"互联网+"新型商业模式客观要求,做到下好先手棋、打好主动仗,为烟草专卖工作研制一套切实可行的情报采集方法和系列科学有效的情报分析体系。

编著者
2018年12月

目　录

第1章　"互联网+"环境下新型涉烟犯罪的形成与发展　001
　　1.1　利用互联网进行涉烟活动的现状　002
　　1.2　当前打击涉烟违法犯罪活动面临的形势　007
　　1.3　涉烟犯罪的主要类型和一般构成　009
　　1.4　涉烟犯罪的认定、适用原则　012
　　1.5　涉烟犯罪适用的若干问题　015

第2章　涉烟情报分析研判的意义和作用　023
　　2.1　涉烟情报分析研判的意义　023
　　2.2　涉烟情报分析研判的作用　025

第3章　国内同类以及相关行业情报研判研究　027
　　3.1　涉烟情报系统的产生和发展　027
　　3.2　国内同类研究　036
　　3.3　其他行业情报研判研究　050

第4章　"互联网+"环境下的涉烟情报采集系统　063
　　4.1　情报采集的方法　063
　　4.2　传统涉烟情报采集　067

4.3　基于大数据分析的涉烟情报采集 ……… 071
　　4.4　传统涉烟情报收集与大数据方法的比较 ⋯ 080

第5章　涉烟情报研判人员工作理论 ⋯⋯⋯⋯⋯⋯⋯⋯ 083
　　5.1　传统常规分析研判方法 ⋯⋯⋯⋯⋯⋯⋯ 084
　　5.2　信息技术分析研判方法 ⋯⋯⋯⋯⋯⋯⋯ 086
　　5.3　"互联网+"环境下的数据可视化 ⋯⋯⋯ 108

第6章　数据存储平台 ⋯⋯⋯⋯⋯⋯⋯⋯⋯⋯⋯⋯⋯⋯ 113
　　6.1　数据库的发展阶段 ⋯⋯⋯⋯⋯⋯⋯⋯⋯ 114
　　6.2　数据库的种类 ⋯⋯⋯⋯⋯⋯⋯⋯⋯⋯⋯ 119
　　6.3　数据库的基本结构 ⋯⋯⋯⋯⋯⋯⋯⋯⋯ 122
　　6.4　数据库的主要特点 ⋯⋯⋯⋯⋯⋯⋯⋯⋯ 123

第7章　"互联网+"环境下涉烟情报分析研判法律风险防控
　　　　　⋯⋯⋯⋯⋯⋯⋯⋯⋯⋯⋯⋯⋯⋯⋯⋯⋯⋯⋯ 125
　　7.1　传统法律收集中的法律风险防控 ⋯⋯⋯ 129
　　7.2　基于Web数据挖掘的法律风险防控 ⋯⋯ 131
　　7.3　构建烟草情报收集法律风险防控体系 ⋯ 132

第8章　"互联网+"环境下相关行业涉烟情报研判实例
　　　　　⋯⋯⋯⋯⋯⋯⋯⋯⋯⋯⋯⋯⋯⋯⋯⋯⋯⋯⋯ 137
　　8.1　工商部门利用互联网情报解决广告监管
　　　　　案例 ⋯⋯⋯⋯⋯⋯⋯⋯⋯⋯⋯⋯⋯⋯⋯ 137
　　8.2　大数据在打击涉烟犯罪中的应用 ⋯⋯⋯ 140
　　8.3　利用大数据打击电信诈骗 ⋯⋯⋯⋯⋯⋯ 143

  8.4 大数据破案，利用数据库侦查出新证据 … 148
  8.5 大数据夯实平安黔西南 …………… 152
  8.6 《涉车案件实战研判系统》的侦破思路
    和方法 …………………………… 156
  8.7 "大数据"思维在公安实战中的思考
    和实践 …………………………… 163
  8.8 公安大数据应用值情报分析与关联挖掘 … 171

第9章 对涉烟情报研判系统未来发展的思考及展望 …… 175
  9.1 对涉烟情报研判系统未来发展的思考 … 175
  9.2 对涉烟情报研判系统未来发展的展望 … 176

参考文献 …………………………………… 179

第1章　"互联网+"环境下新型涉烟犯罪的形成与发展

烟草作为一种特殊的消费品，为了控制其生产和流通，我国自20世纪80年代开始对烟草实行专卖管理体制，寓禁于征，对烟草实行高税政策。烟草利税是国家财政收入的重要组成部分，2015年，烟草行业实现税利总额11 436亿元，同比增加919亿元，同比增长8.73%；上缴财政总额10 950亿元，同比增加1 840亿元，同比增长20.2%。历经多年发展，烟草行业现已形成种植、生产、销售、贸易于一体的完整产业链条。然而，在巨大的经济利益驱使下，生产、销售假冒伪劣烟草制品的行为甚嚣尘上，屡禁不止，走私烟、假烟、非配额烟、超计划烟泛滥，逃税漏税约占全国卷烟产量的1.8%，仅洋烟每年偷逃关税即达2亿元以上，致使国家财政收入遭受了重大损失。同时，伪劣烟草制品大量使用不符合等级标准的残次烟叶和不标准的生产工艺，又严重损害着消费者的身体健康，冲击和扰乱了卷烟市场的正常经营秩序。

1.1 利用互联网进行涉烟活动的现状

随着当前涉烟违法犯罪的智能化、科技化和网络化，烟草市场环境日趋复杂，这无疑增加了专卖管理工作的难度，仅靠日常市场检查获取的单一情报信息或被动接受他人的举报投诉信息肯定难以做好卷烟打假破网与专卖管理工作。违法经营假烟、非正规渠道卷烟和走私烟具有巨大的利润空间，一直是涉烟违法犯罪人员涉足的重点领域。近年来，由于受经济利益的驱使，涉烟违法犯罪人员跨地区制假、售假活动猖獗，团伙作案持续上升，制假、售假手段更趋多样化、专业化，组织更加严密，查处和执法难度进一步加大。特别是随着互联网的广泛应用，电子商务平台日益活跃，地下制售假烟网络团伙也把目光盯上了互联网，从事非法经营。只要登上互联网，打开搜索引擎，输入卷烟信息，不难发现，各类网站、QQ群、论坛发布的售卖香烟、高仿烟信息林林总总，强烈刺激着执法人员的双眼。非法卷烟的出现，严重扰乱市场秩序，影响国家利税，对卷烟打假和市场整顿工作提出了更高的要求。

1.1.1 "涉烟网站"的分类

结合烟草专卖的实际特点，将"涉烟网站"作如下分类。

1. 网上商城类

网上商城类网站实际是商铺的虚拟化，网站的所有者即是商品货主，其赢利直接来源于商品买卖。具体调查中，主要有综合型网上商城和专业型购物网站两类。前者一般规模较大，有成熟的购物流程和管理制度,从对其典型代表卓越亚马逊网和当当书城的调查来看,无论是直接经营的商城主站还是旗下加盟的网店群,均未发现有涉烟违法经营情况;专业购物网站则以烟草制品销售为唯一或主要销售商品。因我国法律禁止,这类网站实际存储服务器往往位于国外。

2.电子商铺类

电子商铺类的分类方式有别于C2C(顾客对顾客模式)的电子商务标准分类。因为传统意义上的C2C,实际是大众化的"跳蚤市场",即并非以商品流通增值作为赢利手段。而在我国,这一模式也已异化(抑或进化)成"经营者通过租用电子商务平台直接面对顾客进行销售活动"。客观来看,这一方式是目前我国电子商务发展的主流。

从法律角度看,这些电子商铺从事经营活动本身就应取得营业执照。然而,对此领域的争议仍未有定论,例如:经营者是否都应申领营业执照,经营所得如何纳税等问题也尚未解决。目前这一电子商务平台的提供者仅是从国家法律禁止的角度限制其使用者的行为。例如:国内最大的此类网站淘宝网,其《商品发布管理规则》第一部分"禁止和限制发布物品管理规则"第19项明确规定不得发售香烟等烟草制品,香烟形式出现的烟盒、烟标等;但实际上,仅靠电子平台管理者的行业自律来管理是远远不够的。仍以上述淘宝网为例。其下属用户"祖虹商贸"(备注:该用户有众多用户名及关联店铺,并在另外两家大型电子商务平台开设有分店。)以其所属"http://shop33459022.taobao.com/祖虹商贸_烟波正品"店为例,其店铺主页货架分列及物品陈设均无异样，通过第三方查询祖虹商贸公司的经营范围，其主营行业为通信产品，与其店铺陈设的传真机、复印机等商品相符。但其店铺公告则暴露了该公司的真实情况——其主营业务还有一项：进口卷烟批发零售业务。仅在2007年2—6月，这一家分店的销售或疑似销售卷烟记录就有34笔，交易额达4 000余元。而系统中可以追溯的交易记录最早为2006年12月，总交易笔数达到近300笔，去除其中以"祖虹贸易"发布的通信产品，其以"真正值外烟专卖"为名在线售出的卷烟或疑似卷烟产品就达到190余笔，实际销售金额2万余元。该店所属的另几家店铺也有类似数量交易记录。如上述交易行为得以证实，该单位无疑已触犯了刑律。需要指出的是，在这一店铺实际经营的半年间，对经营者利用"烟标属于收藏品"玩弄文字游戏的举动，淘宝网仅仅做出一次警告，未采取更为有力的举措。

但与淘宝网相比，同为国内著名电子购物平台的eBay易趣已非监管不力，而实为放纵违法者的行为。该购物网站公开设有香烟的货品分类，使用其平台的客户则直接经营烟草业务。如http://stores.ebay.com.cn/qq597844伟业烟草连锁。该店公告中宣称"从事烟草批发业务，并且开设有独立eBay易趣交易平台之外的网站http://www.wx1051121.com/"。从其所售货品情况看，最新货品"原厂3字头软中华"为买一送一，折合后售价仅为每条75元。根据刑法有关规定，销售明知是假冒烟用注册商标的烟草制品行为中的"明知"也包括以明显低于市场价格进行销售。如该店销售的卷烟经鉴定后确为假烟，则已涉嫌构成销售假冒伪劣产品罪。作为该店交易平台的提供者——eBay易趣也应承担相应的责任。

3.商务平台

商务平台的雏形为企业黄页,但随着技术的进步,现在提供此类服务的网站更多的将其定位为企业商务平台。一般而言,企业或个人在经过注册缴费后可以拥有一个独立页面,该页面包含企业联系方式、产品展示、供求信息发布等,有些网站还提供通信信息支持。然而,因为这一平台的建立成本低,实际运营者又偏重技术,更有甚者片面追求盈利。不仅对用户监管不力,即便是注册审核也是徒有虚名。以http://www.58food.com/中国食品经商网为例,该网站持有ICP证,属合法经营的正规网站。然而其供求信息分类中却包含了"香烟类目",栏目下公开标有"从事各类卷烟制造批发""销售高仿卷烟"等明显违法的信息。以其提供网络支持服务的用户为例,该用户自称为"广东省南方烟草专卖集团有限公司",如此名称依然通过注册审核并以此得到合法的网站地址,这类信息发布平台对用户的监管薄弱可见一斑。同样的问题在相对知名度更高的商务网站"中国人365"(http://www.chinese365.net/)也能看到,目前对用户的监管仍属盲区。

4.其他类

随着Web2.0技术逐渐推广,个人利用创设论坛、讨论组,发布博客等形式可以实际拥有专门的信息发布渠道,典型的有以下几种。

(1)百度贴吧。可以自由创建一个群体的讨论组。因此也成为某些违法者交流沟通的平台。典型的如百度香烟吧,论坛中充斥各类假烟求购信息。

（2）MSN Space、新浪博客等个人网络日志服务。服务使用者利用发布日志形式发布供求信息。

（3）QQ等聊天工具。不仅利用这类聊天工具进行通信联络，还利用其建立群组的功能，开设具有私密性的讨论组，实现信息的隐蔽。

1.1.2 互联网涉烟犯罪的特点

1. 地域跨度广

互联网的发展极大地拉近了人与人之间的距离，只要在有网络的地方消费者就能搜寻到来自全国各地的商品信息，这使互联网涉烟犯罪往往具有跨地域销售的特点。

2. 依赖物流运输

网络销售的客户往往来自全国各地，但巨大的送货费用与时间成本使得商户不可能亲自将产品送到客户手中。这就需要依赖更为专业的物流公司批量处理运送订单，以降低单笔物流服务的成本，因此互联网涉烟犯罪往往需要依靠物流公司提供运输服务，抑或是收买长途客运司机帮助运货。

3. 平台选择丰富

市场上众多的客户需求，催生出各式各样的交易平台，而涉烟违法分子往往潜藏其中以逃避烟草专卖局的日常监管。其中包括众所周知的大型电商平台淘宝、京东、eBay，也有信息共享平台如百度贴吧、论坛，以及常用的信息交互工具QQ、微信等。

4. 账户信息虚拟

由于交易本身并不需要消费者与卖家直接接触，双方利用各自的账号完成下单、付款、发货、签收等流程，因此互联网涉烟犯罪的账户信息具有虚拟性这一特点。而由于网站多数并未强制要求用户填写真实的个人信息，因此账户信息的真实性往往得不到保障。

5. 监管法律滞后

互联网的发展要超前于法律的制定，中国在互联网领域的立法依旧匮乏，其中主要为全国人大常委会通过的《关于互联网安全的决定》和《电子签名法》，剩余的大多是一些现行的立法，诸如《专利法》《商标法》《著作权法》，这些都不是针对性的立法。而国家烟草专卖局在2009年发布的《关于严厉打击利用互联网等信息网络非法经营烟草专卖品的通告》也只是通告类文件，缺少有针对性的打击互联网涉烟犯罪的相关立法。

6. 技术更新迅速

互联网的发展日新月异，每天都会有新的概念产生，同时也会有旧的技术被取代。热点往往随着新技术的开发不断转移，也正是因此依赖现代网络技术的互联网涉烟犯罪常常会伴随着新的网络热点出现。

1.2　当前打击涉烟违法犯罪活动面临的形势

如今在任何一个搜索引擎或者在线购物网站输入"烟草"二字，有关烟草品牌、规格、价格等海量信息鱼贯而出。例如，在淘宝网上输入"中华烟"，可以轻松查询到1 000条以上的有关中华烟标、烟盒、批发等信息。网购商店违法经营的烟草专卖品以其低廉的价格吸引了大量不明真相的消费者。同时，因为网络购物销售地域广、客户分布散、资金转移快，烟草部门侦破此类案件过程需耗费大量人力、物力、财力，而最终的处罚力度并未对犯罪分子予以触及灵魂的打击，从而该类案件的处理所引发的社会效果并不显著。在当前形势下，涉烟违法案件的侦破不再是凭借一己之力和一条有价值的线索就能够毕其功于一役的单打独斗，而已成为需要多角度入手，多地区配合，多部门参与，多条线索综合分析的系统工程。

下面对烟草专卖执法部门在打击涉烟违法犯罪工作中存在的问题及原因进行分析。

1.案件经营意识不强

当前，烟草专卖执法人员在一定程度上存在着案件经营意识不强，就案办案的问题，特别是对违法行为轻微、案值不多的案件，专卖执法人员在案件查办过程中往往会忽视对案件潜力的挖掘，难以做到四个"不放过"，即当事人基本情况不查清楚不放过、案情不查清楚不放过、违法卷烟来源不查清楚不放过、案件处理不到位不放过，从而失去发现重要线索的机会。

2.缺乏专业化的打击制售假烟网络队伍

打击制售假烟网络是打击涉烟违法犯罪活动的重中之重，有效摧毁制售假烟网络可以使打假工作达到事半功倍的效果，但是，打击制售假烟网络工作专业性强，涉及面广，难度大，要求高，目前各级烟草专卖局普遍缺乏打击制售假烟网络的专业化队伍，这也是造成打假工作难以取得较大成果的一个重要因素。

3.与公、检、法等部门的联合打假机制不够健全

尽管各级烟草专卖局大都与当地的公、检、法等部门建立了联合打假机制,但因为协作机制不够健全以及公、检、法等部门工作的特殊性,实际工作中相关人员往往不能够及时予以配合,更不会提前介入侦查,这就使得案发后的抓捕追刑及后续调查工作难度加大,甚至导致案件经营失败。

4. 跨区域调查难度较大

制售假烟网络一般是由具有一定社会经验和活动能力的人员组织的,这些人在高额利润的诱惑下甘愿铤而走险。为了逃避打击,他们常常跨行政区域作案,给烟草专卖执法带来了困难,各级烟草专卖局受到行政区域管辖权限的制约,无法跨区域开展有效调查,对不经常在辖区活动的不法烟贩的相关信息掌握得较少,对涉烟违法犯罪活动的具体情况也不是很了解,导致案件查获率不高。

5. 对卷烟市场状况的分析不到位

贩售假烟违法活动的存在必须要有一定的市场基础。从经济学的观点来考量,任何能够在市场上立足的事物都与市场存在着相互需求,假冒卷烟的存在同样离不开这个市场基础。受卷烟消费结构及供货策略调整的影响,卷烟市场有时会出现特定价位卷烟和个别知名品牌(规格)卷烟供应的缺口,从而为假冒卷烟的生存和发展提供了市场空间。部分烟草专卖执法人员对卷烟市场状况的分析不够深入,导致涉烟违法案件线索难以被发现,使得案件破获难度增大。

1.3 涉烟犯罪的主要类型和一般构成

香烟不仅危害人类的生命健康和导致各种隐患灾难,而且还是诱发犯罪的温床。涉烟犯罪层出不穷，我们根据不同标准将其分成不同类型。

我们可以根据涉烟犯罪法律关系主体的不同，将涉烟犯罪分为行政管理人犯罪和被管理人犯罪。由于实行烟草专卖制度，烟草管理市场本质上是一种行政关系，这样划分能够体现双方明显不同的权利义务性质，有一定意义。

被管理人涉烟犯罪在现实生活中主要包括以下8类：

（1）非法经营烟草制品犯罪。

（2）生产、销售伪劣烟草制品犯罪。

（3）假冒烟草制品注册商标犯罪。

（4）销售假冒注册商标的烟草制品犯罪。

（5）非法制造、销售非法制造的注册烟标犯罪。

（6）走私烟草专卖品犯罪。

（7）妨害烟草专卖执法公务犯罪。

（8）煽动暴力抗拒国家烟草专卖法律实施犯罪。

以上是主要的被管理人涉烟犯罪类型。具体到行政管理人，即烟草管理人（包括烟草执法人员以及公安、工商管理、质监局等政府职能部门的执法人员）涉烟犯罪，大多数是职务犯罪，因为他们代表的是国家公权力，对烟草市场进行管理。管理人涉烟犯罪主要包括以下3种类型：

（1）徇私舞弊不移交涉烟刑事案件犯罪。

（2）放纵走私烟草专卖品犯罪。

（3）放纵制售伪劣烟草专卖品犯罪行为犯罪。

上述分类是按照涉烟犯罪的客观方面，主要是行为进行的划分。为了在现实中更好地操作，我们需要做出另外一种划分。

1.生产、销售伪劣产品罪

生产、销售伪劣产品罪是涉烟犯罪的一种主要类型。烟草本质上是一种商品，而且烟草原料来源较窄，并且又有专门机关收购，很多不法分子只有采取造假的方式才能牟利，造假之后当然还需要流通到市场，必须经过销售。所以生产、销售假冒伪劣烟草制品的行为就完全可能构成生产、销售伪劣产品罪。现实中，人民法院面对很多涉烟犯罪也是这样认定的。

2.假冒注册商标罪，销售假冒注册商标的商品罪，非法制造、销售非法制造的注册商标标识罪

商标因为具有显著的新颖性而受到知识产权法、刑法的保护。烟草制品关乎国民健康，国家对烟草制品的注册商标的授予和使用管理十分严格。很多涉烟犯罪分子不能通过正规渠道获得注册商标，只有假冒注册。我国《刑法》第215条规定伪造、擅自制造烟草制品注册商标标识或者销售伪造、擅自制造的烟草制品注册商标标识，情节严重的，以非法制造、销售非法制造的注册商标标识罪定罪处罚。

3.非法经营罪

非法经营罪其实是一个范围很广的罪名，涵盖多种典型犯罪行为。具体到涉烟犯罪，主要有以下表现形式：违反国家烟草专卖管理法律法规，未经烟草专卖行政主管部门许可，无烟草专卖生产企业许可证、烟草专卖批发企业许可证、特种烟草专卖经营企业许可证、烟草专卖零售许可证，而生产、批发、零售烟草制品，非法经营数额或违法所得达到立案标准；未经主管部门许可，非法制造、组装、购买、出售烟草专用机械；虽有许可但生产假冒伪劣的烟草专用机械，等等。

4.走私普通货物、物品罪

涉烟犯罪的另外一种类型就是走私，即逃避海关监管，将烟草制品运输、携带、邮寄进出境。这种行为直接地导致了国家关税的减少，还可能进一步地扰乱烟草市场。二十世纪九十年代赖昌星案件就是显著的例子。

1.4　涉烟犯罪的认定、适用原则

司法审判活动直接可能对国民的财产、自由甚至生命产生影响，必须遵循严格的原则，否则不但起不到惩罚犯罪，维护社会稳定的功能，还可能成为助纣为虐的"刽子手"。在涉烟犯罪司法认定中也是一样，必须严格按原则办事，结合我国现行刑事诉讼法，应该在涉烟犯罪的司法认定当中设立以下原则。

1.严格确认所犯罪名与数额计算

由于目前我国对涉烟犯罪的罪名规定还不尽完善，很多情况下只能援引刑法下的类罪名，而且很多涉烟犯罪案件的审理根据的是地方法规、规章、部门纪要，这就难免造成冲突与矛盾，所以在确定罪名的时候必须格外慎重，在遵守罪刑法定原则的前提下对如何定罪和适用进行严格要求。另外，涉烟犯罪事实往往比较复杂，危害结果也难以考证，因此数额在很多情况下很难精确计算，法院在司法认定过程中要仔细调查，以免出现纰漏。

2.根据违法行为具体情形确定罪名原则

涉烟犯罪并非一个严格意义上的罪名，涉烟犯罪其实涉及多种犯罪形态和犯罪事实。涉烟犯罪各种形态只是在涉及对象上或直接或间接地和烟草这一特殊物品有交集，或者虽在犯罪主体、犯罪主观方面、犯罪客体、犯罪客观方面有共同之处，但差异化仍然存在，并且这种差异对司法认定产生重大影响。比如，有无相应的烟草生产、销售等许可证这一情形就对是否可能认定为非法经营罪产生根本影响，而认定为生产、销售伪劣产品罪则可能不以有无许可证为构成要件。这些都表明涉烟犯罪中需要根据具体情形进行罪名适用，因此也应当确立其为基本原则。

犯罪在经过公证的司法认定之后，接下来的环节就是量刑。根据涉烟犯罪的特点，在处罚的时候，应该遵循以下两大原则。

（1）国家工作人员从重原则。前述涉烟犯罪的特点当中提到了职务犯罪普遍，并且建议应该把打击职务涉烟犯罪作为打击涉烟犯罪的重点。这一点也应当在法律责任上有所体现，毕竟没有法律责任的法律就如同没有牙齿的老虎，只有规定相应的法律责任，才能产生足够的威慑力。在涉烟犯罪的处罚上，加大对国家工作人员的处罚，尤其有必要。首先，国家工作人员触犯法律，比一般人员触犯法律侵犯了多一层法益，即国家工作人员的自身廉洁性。这在社会体系中是非常重要的一种客观存在，也是国家工作人员获得社会认可，从而使大众服从社会管理的前提。试想一下，国家工作人员自己都知法犯法，怎么能够要求一般社会人员遵守法律？其次，加重对国家工作人员的处罚能够有效抑制涉烟犯罪的效果已经为我国立法所认可，事实上，《最高人民法院、最高人民检察院关于办理生产、销售伪劣商品刑事案件具体应用法律若干问题的解释》规定国家机关工作人员如果从事生产、销售伪劣烟草制品或者非法经营烟草专卖品或者销售明知是假冒烟用注册商标的烟草制品的，一旦查出，应当从重处罚。这就为国家工作人员从重处罚提供了法律依据，使这一制度从理论走向了现实。

（2）依法适用财产刑原则。这一原则也是涉烟犯罪经济性强的特点的衍生。涉烟犯罪主要侵害的是社会经济秩序，主要表现在国家税收的大量减少和烟草市场的扭曲。在处罚涉烟犯罪的过程中，为了使处罚更具有针对性，有必要采取财产刑这一手段。在刑法领域，财产刑首先主要是指罚金刑。罚金作为附加刑的一个重要组成部分，主要用于贪图财利或者财产有关的犯罪，对于追求不法经济利益的犯罪分子判处罚金，予以一定数额金钱的剥夺，既可以剥夺犯罪分子继续犯罪的经济条件，也能对犯罪分子起到惩罚与教育的作用。在现代社会，罚金刑的适用已经越来越广泛了。在涉烟犯罪处罚中设置罚金刑主要有以下几个原因：一是涉烟犯罪的犯罪人一般都能从不法行为中得到较大数额的不法收入，很多人甚至抱着侥幸心理，即使自己事情暴露，被剥夺一定时期的自由，但是相对于这些收入，可能还是划算的。为了让这些极端分子的愿望落空，必须采取罚金刑。二是犯罪所得如果不能收归国库，留在市场流通的话，会影响正常的货币秩序，还可能流到地下钱庄、流到国外，造成更大的危害与损失，必须加以收缴。最后，适用罚金刑能够将这些财产归还受害人，弥补他们的损失，如果不法收入是侵犯受害人所得，就必须进行归还，这也是公平原则的体现。另外一种财产刑是指没收财产，即将犯罪分子个人所有财产的一部分或者全部强制无偿地收归国有的刑罚方法。它与罚金虽然同属财产刑，但是性质上还是有不同的，没收财产不仅包括金钱，还包括其他财物，而且没收财产是一次性的，罚金没有此要求。

1.5 涉烟犯罪适用的若干问题

1.5.1 关于涉烟犯罪的罪数问题

罪数是指犯罪的单复或个数，在刑法理论上指一罪与数罪。准确界定罪数形态有很大的价值意义。不但有助于刑事审判活动中正确的定罪，而且关系到我国刑法中一些重要制度的适用，是正确适用刑罚的重要条件，有利于刑事诉讼程序的正常进行。

由于烟草专卖制度的存在，加上烟草制品经常与专利联系在一起，还有现行刑法对涉烟犯罪定罪的模糊性，涉烟犯罪经常同时触犯不同法律条文，这给司法认定带来了很大困难。到底是实质的一罪、法定的一罪还是成立数罪进行并罚，在很多情况下难以辨别，也造成了人们对一些判决的不服，不断上诉，浪费大量司法资源。要准确解决这一问题，首先，有赖于刑法研究的不断深入，有些理论一直都有分歧，不同学者各执己见，没有达成通说意见，虽然并不是说通说意见就一定正确，但它至少使问题的解决有了整齐划一的标准。法律最大的作用就在于他让国民的行为有了可预测性。相信随着刑法中关于罪数形态研究的不断深入，然后反映到立法层面，得到适用，将有助于这一分歧的解决。其次，当现行法律中对相关问题已经有明文规定的时候，要严格按照法律判决，即使偶尔有不合理之处。罪名方面，如《最高人民法院、最高人民检察院关于办理生产、销售伪劣商品刑事案件具体应用法律若干问题的解释》第10条就规定实施生产、销售伪劣商品犯罪，同时构成侵犯知识产权、非法经营等其他犯罪的，依照处罚较重的规定定罪处罚。

1.5.2 关于涉烟犯罪的共犯问题

根据实施犯罪的人数不同，可以将犯罪分为单独犯罪和共同犯罪，共同犯罪简称共犯。根据共同犯罪人在共同犯罪中的地位与作用不同，可以将共同犯罪人分成正犯和从犯，或者主犯和从犯、胁从犯。在涉烟犯罪中，很大比例是共同犯罪，他们有两个以上主体、有共同的犯罪行为、有共同的犯罪故意。基于共同造成的危害，他们需要承担共同的责任，虽然最终判决结果可能有轻有重。

在判定涉烟犯罪是否构成共犯的过程中，最主要的是确定他们之间是否有共谋。目前我国关于涉烟犯罪的相关规定中，对这一问题的规定模棱两可，让人无所适从。其实让我们回到传统刑法理论中去，笔者认为是应该加以规定的。为了成立共同犯罪，共同犯罪人之间必须存在意思联络。意思联络是共同犯罪人双方在犯罪意思上的沟通，只有这样的沟通的存在，才能认为他们有共同的犯罪故意。但是在这里需要指出的是，共谋不一定是要语言上或者书面上的沟通，还可以是行为的客观表示，甚至一些暗示与不反对。

涉烟犯罪的共犯问题十分复杂。首先在主体上，无论有无特殊资格，都可能触碰涉烟犯罪的底线，这就为各种不同主体的结合理下了可能性,个人与个人、个人与单位、单位与单位以及国家工作人员与一般人员等,主体可以进行多种结合。

其次在行为上,涉烟犯罪本身就可能由多种行为构成,种植与收购、生产与销售、销售与运输以及走私与贩卖等行为都可能被包含在涉烟共同犯罪当中。

1.5.3 关于涉烟犯罪的情节与数额问题

涉烟犯罪当中数额的确定十分重要,很多时候关乎罪与非罪、重罪与轻罪,因此一定要慎重对待。由于涉烟犯罪的经济性,很多涉烟犯罪在判定与处罚的时候都要充分考虑犯罪数额,没有达到一定数额可能就不构成犯罪,达到某个档次的数额又直接体现在不同档次的处罚之上。从这个意义上来说,涉烟犯罪大体上是一种情节犯,少数涉烟是数额犯。另外,犯罪情节方面的很多因素也需要着重考虑。犯罪手段上面,不同的手段可能产生不同的涉烟犯罪或犯罪处罚,举例而言,单纯的假烟运输可能就没有生产假冒伪劣情节恶劣,而针对生产假冒伪劣烟草制品中,如果只是以次充好,不足以直接造成国民身体健康甚至生命危险的情节就远比造成严重、大面积的烟草中毒要轻。

1.5.4 关于涉烟犯罪中的竞合问题

一方面,涉烟犯罪并非单一犯罪形态,实践中存在大量的犯罪竞合现象。比如单纯的实施非法生产、销售烟草专卖品行为,就可能因为不同的行为表现构成不同罪。如果生产、销售的烟草品系假冒他人注册商标,首先在达到相当数额时就可能构成刑法第140条的生产、销售伪劣产品罪；其次由于侵犯了他人商标权，也可能构成刑法第213条的假冒注册商标罪；如果是明知假冒而销售，则又可能构成刑法第214条的销售假冒注册商标的商品罪，也可能构成刑法第215条的非法制造、销售非法制造的注册商标标识罪。另一方面，考虑到烟草行业的专营专卖特点，如果没有特别的法定许可而进行相应的烟草制造、销售等行为，将可能构成刑法第225条的非法经营罪。根据最高人民法院、最高人民检察院《关于办理非法生产、销售烟草专卖品等刑事案件具体应用法律若干问题的解释》（以下简称《烟草解释》）第五条，实施烟草犯罪，同时构成多种罪的，按处罚较重的定罪处罚。这样规定符合打击涉烟犯罪的目的，以及基本的刑罚理论，与以往相关司法解释的规定是一致的。

1.5.5 涉烟犯罪的单位犯罪问题

单位犯罪是相对于自然人犯罪而言的。由于单位在实施犯罪过程中可能通过资源整合来扩大、强化犯罪事实，因而必须进行相应的规制。由于我国刑法在第30条中规定，法律规定为单位犯罪的，应当负刑事责任，因此就必须通过刑法分则对涉烟犯罪是否构成单位犯罪以及如何适用进行严格细致的分析。通过对涉烟犯罪具体行为方式的考察，涉烟犯罪有可能在以下一个罪名中成立单位犯罪，进而适用单位犯罪的处罚规则。

1.非法经营罪

根据刑法第225条、第231条规定，如果是单位违反烟草专卖法律、行政法规等规定，实施了非法经营烟草制品，并达到相当程度的，构成非法经营罪，在处罚上应当对单位判处罚金，并对直接负责的主管人员和直接责任人进行相应的处罚。

2.生产、销售伪劣产品罪

根据刑法第140条、第150条规定，如果单位违反了和烟草相关的法律制度，实施非法生产、销售伪劣的烟草制品行为，在数额上达到5万元的，就构成生产、销售伪劣产品罪，并按照第150条单位犯罪的规定进行处罚。

3.侵犯知识产权犯罪

烟草制品作为一种特殊商品，也往往成为侵犯知识产权犯罪高发的一个行业。刑法第213~220条详细地规定了相关的侵犯知识产权犯罪。其中第220条规定了单位犯罪。因此，单位通过违反相应的烟草行业法律规范，实施了相应的假冒烟草注册商标、销售假冒烟草注册商标的烟草制品等行为，就分别构成假冒注册商标罪、销售假冒注册商标的商品罪。

1.5.6 假冒卷烟犯罪的鉴定问题

在审理涉烟犯罪案件时，往往涉及被告人的犯罪对象问题，特别是涉及卷烟时。根据相关规定，对侦查破获的涉烟犯罪案件，审判的涉烟犯罪案件，应当对查获的卷烟进行品质鉴定。鉴定结论应当将查获的卷烟分为真品卷烟、假冒卷烟、假冒伪劣卷烟。

根据国家烟草专卖局《假冒伪劣卷烟鉴别检验管理办法（试行）》第24条第（1）项的规定，有下列情形之一的认定为假冒卷烟：

（1）假冒他人注册商标的。

（2）伪造或冒用卷烟产地、企业名称、地址或代号的。

（3）国家其他法律、法规中明确为假冒的。

根据国家烟草专卖局《假冒伪劣卷烟鉴别检验管理办法（试行）》第24条第（2）项规定，假冒卷烟若同时有下列情形之一的认定为假冒伪劣卷烟：

（1）变质变味的。

（2）掺杂使假的。

（3）以假充真，以次充好的。

（4）质量不符合现行《卷烟》国家系列标准的。

（5）国家有关法律、法规明令禁止生产、经销的。

（6）国家其他法律、法规中明确为伪劣的。

根据国家烟草专卖局《假冒伪劣卷烟鉴别检验管理办法（试行）》第24条第（3）项规定，与标准样品无显著差异的且无伪劣情形的卷烟为真品卷烟。但是，在我们看到的案例中，对查获的卷烟，或者是没有进行鉴定；或者是笼统地说是假烟，而没有区分是假冒卷烟还是假冒伪劣卷烟；或者是虽然引用了烟草质量鉴别报告，但是这种报告的内容基本上都是同一表述：送检样品是假冒伪劣卷烟。我们认为，卷烟的鉴定是一项专业性很强的工作，为了正确处理涉烟犯罪案件，《涉烟犯罪纪要》第10条第1款明确规定，"假冒伪劣烟草制品的鉴定工作，由国家烟草专卖行政主管部门授权的省级以上烟草产品质量监督检验机构，按照国家烟草专卖局制定的假冒伪劣卷烟鉴别检验管理办法和假冒伪劣卷烟鉴别检验规程等有关规定进行"。《涉烟犯罪解释》第

7条也规定,"办理非法生产、销售烟草专卖品等刑事案件,需要对伪劣烟草专卖品鉴定的,应当委托国务院产品质量监督管理部门和省、自治区、直辖市人民政府产品质量监督管理部门指定的烟草质量检测机构进行"。国家烟草专卖局《假冒伪劣卷烟鉴别检验管理办法(试行)》和《假冒伪劣卷烟鉴别检验规程(试行)》对鉴别方法、流程、依据、结论的内容都做出了详尽的规定,例如最常用的感观鉴别检验就是根据规定的检验项目,对照相应卷烟标准样品,从外到内,由表及里逐项对比进行,直至得出明确的判定结果。因此,鉴定单位有义务在鉴定报告中写明鉴定的程序、依据。虽然在鉴定过程中可能会涉及一些有关卷烟配方的数据,这作为商业秘密可以不予公开,但是,其他内容应当也是必须予以公开,简单的一句"送检样品是伪劣卷烟"是不具有说服力的,也很难让被告人息诉服判。湘西土家族苗族自治州中级人民法院于2009年在审理曾永海4人特大销售假冒伪劣卷烟案时,辩护人就对涉案卷烟是假冒伪劣卷烟的鉴定结论是如何得出的提出了质疑。因此,涉案假冒卷烟的质量鉴定问题是查办涉烟犯罪案件中一个急需烟草检测机构、公安司法机关引起重视的问题。

第2章 涉烟情报分析研判的意义和作用

涉烟案件情报信息在卷烟打假破网中地位可谓举足轻重，没有涉烟案件情报信息做支撑，卷烟打假破网工作可以说是寸步难行。随着信息社会的发展和网络的普及，涉烟案件情报信息工作在查办案件中的重要性必将更加明显、突出，侦查工作对它的依赖程度亦将越来越强，涉烟案件情报信息工作主导案源及侦查工作已成为专卖执法工作发展的迫切要求。

2.1 涉烟情报分析研判的意义

加强"互联网+"环境下的涉烟情报分析研判工作建设，有如下意义。

（1）保证组织建设的现代化。"互联网+"环境下的涉烟情报分析研判，需要协调省公安厅，以经侦部门为主导，协调公安技侦、网安等部门，借鉴重庆、上海经验，研究深化打击利用"互联网+"新型涉烟犯罪的举措，着手筹建公安、烟草联合打击涉烟违法犯罪办公室。争取公安部经侦局、国家局的政策支持和技术支持，以公安、烟草联合打击涉烟违法犯罪办公室为依托，在全省犯罪内抽调骨干力量，筹建涉烟违法犯罪情报中心。该情报中心定位为上海情报中心的分中心，立足本省本市，面向全国，重点围绕互联网、物流、寄递环节涉烟违法犯罪各层级链条线索，深层次拓展经营、延伸扩线，形成批量线索，深度打击，从而充分发挥省公安、烟草在全省打假破网工作中的指挥、协调职能。

（2）保证侦查体制的现代化。"互联网+"环境下的涉烟违法犯罪是最近几年才产生的新型涉烟违法犯罪行为，与传统涉烟违法犯罪案件有很大的不同，是一种高科技、高智商的违法犯罪活动。违法犯罪行为技术含量高，隐蔽性强，查获难度大，具有更大的社会危害性。而传统的涉烟案件侦查体制并不能应对"互联网+"下的涉烟违法犯罪，势必要求转变侦查思路，以传统侦查为基础辅助人工智能、大数据分析的现代侦查方法，形成现代化的涉烟案件侦查体制。

（3）保证侦查队伍的现代化。打击"互联网+"环境下的涉烟违法犯罪，能够让我们尽快培养起一批既具有丰富稽查经验、又精通信息技术的骨干力量，支持有基础的专卖稽查人员学习大数据分析有关认证培训，提前储备人才，逐步打造一支高水平的涉烟情报分析团队，引领全省在专卖执法力量重新布局、市场监管方法上尽快调整转型，实现专卖管理科学化、法治化、规范化。

（4）保证侦查情报的现代化。"互联网+"环境下的涉烟违法犯罪活动，要求我们尽快确定涉烟数据、情报收集标准，引导专卖人员在执法过程中注重收集、梳理违法人员籍贯、通讯、地址、账号、交易记录、交通工具、运输轨迹等相关信息，注重采集物流、寄递、仓储等相关企业的信息，不断健全、丰富全省涉烟监管的相关数据，以情报导侦为抓手，运用大数据思维，转变市场监管思路，引领专卖工作调整转型。

2.2 涉烟情报分析研判的作用

随着卷烟打假工作力度的不断加大，卷烟制、贩、售假烟违法行为由明转暗，网络化、科技化、信息化的涉烟违法犯罪现象屡禁不止，有效的涉烟情报获取是涉烟情报信息体系建设的重要环节，而完整、准确、客观、及时是涉烟情报信息利用的关键要素。因此，要对涉烟案件情报信息的获取方法、手段、工具进行探索和使用，不断提高信息获取效率。畅通案件线索收集和反馈信息渠道，建立多层次的卷烟打假信息网络尤其重要，在卷烟打假信息网络建立的基础上，还要搭建涉烟案件信息共享平台。通过搭建涉烟案件信息共享平台，可以实现以下资源利用和共享：

（1）可以互通信息，互通有无，实现资源互补。烟草专卖部门仅靠本级、本部门获取的情报线索实在难以实现卷烟打假工作的新突破，只有实现信息资源互通互补，才能全面准确掌握违法活动情况，打掉涉烟违法犯罪网络。

（2）通过信息平台，有利于及早发现涉及本地区预谋违法活动，提供对预谋案件的调查线索。预防比打击更为迫切更为重要，只有预防违法，才能避免造成更大的损失和危害。如果能从多渠道及时准确和有效获取情报信息，相关部门据此采取必要措施，及时布置重点监控，就能把涉烟违法犯罪扼杀在萌芽状态。

（3）有利于提高破案效率，保证破案质量。制售假烟网络最主要特征是跨区域延伸。网络案件之间并非是完全孤立毫无联系的，它们之间可能相互关联，信息内容相互交叉，通过查阅平台信息，获取与案件有关的人、事、物情况，可以为当前案件调查提供线索和依据，可以迅速查明违法嫌疑人的历史情况和档案，避免重复劳动。

（4）有利于为科学决策提供依据，争取同违法活动斗争的主动权。涉烟案件情报信息平台记录不同时期违法活动情况以及各类违法情报信息，通过对这些内容的研究，掌握违法活动的规律和特点，可以方便决策部门采取相应对策。

在涉烟案件信息共享平台的基础上，建立涉烟情报系统，通过涉烟情报系统的建立，将实现资源互补，利用情报分析研判，有利于及早发现涉及本地区预谋违法活动，提供对预谋案件的调查线索。另外涉烟情报系统的建立将有利于为科学决策提供依据，争取同违法活动斗争的主动权。涉烟案件情报分析研判工作收集记录了不同时期违法活动情况以及各类违法活动信息，通过对这些内容的研究，掌握违法活动的规律和特点，可以方便决策部门采取相应对策。烟草作为一种特殊的消费品，我国对烟草实行专卖管理制度，通过涉烟情报系统的建立及时预防和打击假烟活动，对提高烟草局的经济效益和社会效益起着关键的作用。

第3章 国内同类以及相关行业情报研判研究

3.1 涉烟情报系统的产生和发展

3.1.1 涉烟情报系统的含义

情报系统建设是情报信息主导稽查工作的核心环节，是指运用科学严谨符合行业特性的方法，把情报搜集、分析研判、信息整理、信息归档、信息运用几个方面合理地整合在一起，为案件侦破、办理、资料调取以及联合执法提供强大的情报保障。建立涉烟情报系统是符合科学发展观和符合行业发展的一件大事，其实情报搜集已成为稽查工作的一项自觉工作，广泛运用在稽查工作维护市场稳定和打击犯罪工作的各项业务领域、各个流程环节。情报系统的建立不可能一步到位，但可以从无到有并在发展过程中逐步完善和修改，按照情报系统职能可以分两个方面来建设：

1.建立独立的情报搜集岗位和专职的分析研判岗位

独立的搜集岗位可以免受各环节影响。情报搜集岗位可以分为内部搜集和外部搜集两个环节，其中外部搜集又可以分为自主搜集和外部资料汇集排查两方面，这将使得情报的搜集更为专业准确和更具保密性，也可以将来自各方面的情报科学地汇总并开始初期排查。具体包括挖掘发现战术情报和为宏观产生战略情报做初期筛选。独立的分析研判岗位是情报系统非常重要的核心，运用分析研判来获取情报信息的意义就是通过对大量的零散、孤立的信息进行汇聚整合、关联碰撞和分析研究，以发现获取深层情报，还可以对已获取的情报信息进行分析研判，辨别情报的真伪并评估情报中的风险概率，即运用分析研判来评估已知的情报信息，这是一个对已知目标评判修正的过程，这个过程中具体包括对情报线索的真伪断定和风险评估，两者相互补充、相互循环。

2.直接和公安相关部门进行无缝链接

烟草行业和公安、海关、边防有着紧密的联系，有了专门的情报系统可以直接和相关部门进行信息链接和共享，既保证了信息的独立性又保证了信息的安全性。尽管看似联合执法办公室从包装上满足了联合执法需要，但探其根本，这个部门因为缺少衔接而不能发挥出其最大功效。再者很多人认为情报搜集岗位和机动大队的职能设置有冲突，其实不然，机动大队并非专门的情报机构，其职能中还包含了打击、管理市场的功能，从其在管理市场中的曝光率，就增加了其搜集情报的障碍和难度，但情报系统中的情报搜集岗位是专门负责情报单一的职能岗位，无论是隐蔽性、专业性和机动性都远远超过机动大队,实质上设置此岗位的目的是和机动大队相辅相成形成互补。

建立专职的信息整理和信息归档机制。情报信息的概念和涵盖面非常广泛,我们这里所指的信息整理和信息归档是将前段搜集的情报信息分析研判后,将有价值的情报,包括照片、车牌、人员信息、仓库信息、地理位置信息等,用统一的标准和格式进行记录、整理成为可供日后指导行动、汇报、演示的文字或者图像资料,并用统一标准进行归档。其中信息归档就是汇编,即按照研究的目的和要求,对分类后的资料进行汇总和编辑,使之成为能反映研究对象客观情况的系统、完整、集中、简明的材料。由于设置岗位机制明确由专人负责,所以归档后的信息保密责任也凌驾在此岗位职责中,使得系统结构简单,但分工和责任明确。

3.1.2 建立行业内的情报体系是与时俱进符合科学发展观的

把握历史机遇了解情报重要性,积极学习和借鉴各情报系统优势和理念建立适合行业的情报队伍。以"三打两建"为契机,如果我们还停留在原来的历史篇章中我们将会被社会发展的车轮高速超越。以公安机关的情报系统为例,分工明确、职能明确、人员专业是其主要特点,公安系统对情报系统的重视程度也逐年加深,在国内公安情报信息建设已被列为公安机关必须抓紧做好的一项重点工作,基于社会信息化、公安信息化与国外情报信息主导警务工作的情况,我国于2003年提出了"情报信息主导警务"战略,从此拉开了我国实施情报信息主导警务的帷幕。在国外情报信息主导警务作为一种新的警务模式在欧美国家异军突起。欧美国家在20世纪90年代就已经开始探索信息化时代新的警务运作方式。情报信息主导警务作为一种新的警务模式异军突起。经过20余年的探索，这种新的警务模式在英国、美国、澳大利亚、加拿大、新西兰等国家推行以来，实践效果显著。经过多年的实践与理论探索，情报信息主导警务模式对欧美等发达国家降低犯罪率、提高警察管理水平和工作效能、改进警察巡逻方式、优化警力资源配置、提高打击犯罪的精确度都有显著效果。建立符合我行业的情报主导稽查工作是符合历史发展潮流的。

烟草行业情报系统的现状及发展方向，地市级局有情报岗位但无情报员职责。情报是专业的岗位，此岗位需要的是专业的情报萃取、分析、整理的全面人才。现在的烟草系统中缺乏对这个方面的重视，情报人员形同虚设。以询问笔录为例，询问笔录不单单是记录事情的经过，其实更关键的是通过询问的过程发掘出有价值的信息。情报人员还应该有一个重要职责就是深挖犯罪，很多大案和线索都是在深入挖掘后将蛛丝马迹的线索联系起来侦破的。虽然我们的询问和公安人员的询问有着本质区别，但依然可以用技巧套取有价值的信息，更可以借助在烟草询问时违法分子警惕性和抵制性稍弱的机会乘胜追击。从整合看烟草行业的烟草情报发展方向。先通过"知识"的本质特征来看，知识不能简单地归结于数据，信息也不能说就是知识，虽然知识与数据和信息有着很深的渊源，但这三者是不可相互替换的。可以说数据是无组织或无序的信息，信息是经过组织有序的数据，而知识则是有用的信息。烟草稽查单位和面对市场的核心竞争力，往往取决于对行业情报与知识的把握度。多元化定义涉烟行业情报的概念。稽查与情报本质上就有天然的联系，二者缺一不可，相互促进，互动发展。行业的发展和稽查工作的开展是一种行为，一种过程，一种高智慧参与的活动，全过程都会贯穿着情报。假如没有情报的参与，组织机构要想在品牌竞争和在面对违法分子的斗争中取胜是不可想象的。对于烟草情报，通过收集和分析公开资料可以获得有关各开展项目环境、竞争对手的信息，对开展稽查工作面临的威胁、内部管理提供预警，对开展稽查活动的战略战术决策提供支持。烟草稽查的指挥机构在策划过程中需采集与获取大量有价值的情报赢得或巩固其开展打击的力度，而开展日常稽查工作本身也是情报的主要来源之一。在各类的日常经营范围中如：零售户、大客户、烟草生产厂家、辅料生产厂家、印刷、海关、公安、小区、车站、边防检查站、流动人口聚集区、社区等等都是情报的来源。看似复杂的情报系统其实在岗位设置上只需要一至两人，但释放出来的力量却是非常庞大的，与其说是建立情报系统不如说是将资源合理分配。社会在进步，国家在发展，我行业中大部分的情报理念还停留在20世纪，这样的思维制约了行业的整体发展，这就好比奔驰 S320 装了一个北京吉普 2020 的发动机，不是说不支持国家产业，只是如此搭配完全不符合科学配置，即不符合发展潮流，在信息高速发展和流通的今天，只有跟上信息的步伐才能主宰市场，只有掌握信息才能主导进步，固步不前在当今社会就是在退步。近观烟草情报系统可以在稽查工作中给予强有力的信息支援，远观烟草情报系统可能会在营销、物流、内管等方面都发挥不可小觑的作用。

3.1.3 加强涉烟情报网络体系建设的现状分析

1. 情报信息采集渠道单一

现有涉烟情报信息主要来源于日常市场检查和消费者举报投诉，日常市场检查带有盲目性和随机性，而且形式过于简单，难以有针对性地发现较为隐蔽的违法行为，市管员的主观能动性得不到充分发挥，消费者举报投诉信息量毕竟有限而且都是"时过境迁"的行为，涉烟情报信息源的单一造成了打假破网工作的滞后和被动。

2. 情报交流互动机制不畅

各执法主体情报不共享、信息不交流造成各自为政孤军奋战的局面导致有效的信息资源没有形成合力、发挥效应，情报信息资源的不对称、不均衡、不畅通严重浪费了人力、物力、财力，致使执法效率低下。

3. 情报信息管理制度缺位

涉烟情报信息凌乱无序、不易发现、搜集难度大，更主要的原因是缺乏相适应的情报信息管理规章制度，比如在线人培养方面，常常因为保密制度的不完善、举报奖励的不及时兑现等原因带来诚信的缺失、管理的缺位，影响涉烟情报网络的建设。为进一步整合执法资源，做到信息共享，维护辖区烟草专卖秩序，那么通过加快信息化建设，依托信息平台，切实做"精"案件经营，积极查办大要案就显得尤为重要。

（1）建立先进的数字化管理系统。可以通过在目前已有的专卖管理操作系统平台中，尝试建立一个新的情报信息管理系统模块。在此模块录入案件信息、举报投诉信息、稽查员市场走访信息以及重点违法违规户的基本信息等内容，尤其是涉烟案件当事人违规信息，根据一般案件、大要案件等案件性质进行分类存放，在全市专卖管理部门实现信息共享，方便全市专卖管理部门查询、了解涉烟违法当事人违法事实，可以为并案调查提供线索和依据，也可以迅速查明违法嫌疑人的历史情况和档案，避免重复劳动。

（2）建立涉烟案件情报信息平台。制售假烟的网络往往是错综复杂的，它涉及的区域广泛、人员众多，涉及的情报信息更是千丝万缕。不法烟贩之间互相勾连息息相通，售假网络跨越地域不断延伸，形成了纵横交错的庞大地下网络。一个网络案件不仅仅涉及当地涉烟违法犯罪，甚至可以牵涉多部门多地区，这就需要案件所涉区域和人员的大量的、可靠的情报信息作支撑，需要涉及区域相关部门的协作支持。在卷烟打假破网工作中烟草专卖部门面对日趋复杂多变的市场环境，显得势单力薄。这就要求各级专卖部门要寻求更多的外部力量的支持，改变故步自封各自为战的思想，从大局出发，全盘考虑，形成多部门配合参与的合力。因此建立涉烟案件情报信息资源共享平台就显得尤为重要，可以大大地提高卷烟打假破网的效能。为此可以通过搭建多方信息平台，扩展信息来源。

1）搭建微信公众平台。充分利用烟草微信平台，开设烟草快讯、品牌鉴赏、业务咨询、专卖之窗、举报投诉等版块，发挥传播速度快、交流参与高、信息抵达准等微信优势，实现烟草部门与零售客户和消费者的有效沟通，让更多的消费者和社会各界群众参与进来。对于专卖管理工作，通过微信公众号专卖之窗板块提供专卖在线咨询、真假烟识别技巧、案例评析以及政策宣传等一系列功能，充分发挥消费者直接面对烟草零售终端市场的维权意识，也可以方便社会各界通过微信公众平台举报投诉板块提供涉烟案件情报信息。

2）搭建零售户微信平台。卷烟零售户是卷烟市场监管的主要对象，也是案件线索信息来源的一个重要群体。因此，要通过信息网络建设，调动卷烟零售户的信息反馈积极性。但是根据以往工作经验，零售户之所以不愿意与烟草部门合作，其主要因素还是对于保密制度的不信任，怕举报提供情报信息遭打击报复。为了打消零售户的顾虑，可以采取一些创新举措。比如与诚信、守法零售户之间搭建微信平台，以稽查员管辖片区为单位，以片区稽查员为信息员牵头建立微信平台，进一步加大宣传力度，逐步扩大更多的零售户提供有价值的信息，将市场的管理由单一主动管理转向由零售户共同参与的格局。同时零售户向烟草部门举报违法行为，则只需通过微信平台向片区稽查员提供，信息上报和反馈按照一对一单线联络方式，无须对外暴露自己的真实身份信息，不必担心会有人泄密，这样就从源头上规避了泄密的风险。

3）搭建县级局微信平台。发挥全员的力量，搭建县级局全体干部职工微信平台，平台的搭建不仅可以成为企业上下级在线互动沟通的桥梁，员工可以将实际工作中遇到和发现的各种问题通过微信平台进行在线互动沟通和探讨，上级领导也可以通过微信平台布置任务，以此提高企业管理效率。同时通过此平台还可以充分发挥"四员"（营销员、稽查员、送货员、烟技员）信息员的作用，营销员、送货员、烟技员可将日常在一线工作中发现的涉烟案件情报信息及时反馈，从而不断扩大案源线索。

4）搭建纵横贯通的情报信息资源共享平台。具体来说，从"纵"的层面来看，就是专卖部门上下级之间涉烟案件情报信息平台。在我们日常工作中，对于基层烟草来说比较常用的就是市县两级之间的信息平台。从"横"的层面来看，就是同级烟草专卖部门之间以及与同级相关执法部门、职能部门之间的信息平台。在我们日常工作中，对于基层烟草来说比较常用的就是县级局各兄弟单位以及县级局与县公安等执法部门之间的信息平台。通过建立起烟草专卖管理部门之间的全方位、立体式的信息网络，将在办案件中涉及跨区域的涉烟违法犯罪网络的组织体系、运作流程、活动规律、涉及的区域和人员以及人员之间相互关系等信息通过信息平台传递出去，为打假工作争取主动、赢得先机，提高涉烟案件查处率。相关职能部门及时将获得的有关涉烟案件情报信息通过平台传递给烟草部门，烟草部门及时通过信息平台向相关职能部门传递卷烟打假情况以及需要由其协助查办的线索，实现资源共享、信息通畅，就能确保相关部门在第一时间采取有针对性的措施，形成上下联动、区域及部门之间共同协作的卷烟打假破网工作机制。建立纵横贯通的涉烟案件情报信息平台是实现联动协作，提高卷烟打假破网效能，化卷烟打假破网被动为主动的有效途径。有效运用该信息平台，必将节约大量的执法办案成本，起到事半功倍的效果，更有利于长期保持卷烟打假破网的高压态势，能进一步推动卷烟打假破网工作的常态化和高效化。

涉烟案件情报信息是烟草部门打击和防范涉烟违法犯罪的生命线。这也就要求我们要广辟信息渠道，建立健全情报信息网络平台，使涉烟案件情报信息流通过程保持最佳状态，各类涉烟情报信息资源能够得到有效整合，发挥涉烟案件情报信息平台的最大效用，才能及时有效地打击涉烟犯罪活动，进一步提升专卖管理工作水平。

3.2 国内同类研究

我国烟草专卖制度是垂直领导、专卖专营的管理制度，目前我国大部分烟草专卖局对涉假案件的查处大多基于市场查处、市民举报等传统方法上，但随着网络化、信息化的涉烟违法犯罪现象日益猖獗，传统方法对涉烟违法案件的把控显得愈发无力，值得一提的是国内某地区针对日益猖獗的"互联网+物流快递"新型涉烟违法犯罪组建了涉烟情报信息分析研判中心，取得了一系列可喜成果。

3.2.1 国内某烟草专卖局烟草情报研判中心

国内某烟草专卖局烟草情报研判中心以公安"大情报"体系为依托，充分调动公安侦查、技术、实战各警种的执法资源，广泛筛选、关联海量信息，融合全行业专卖资源，目前情报中心数据库已储存案件线索140余万条、涉烟违法高危人员1万余名，涉及全国所有省、市。

该市局借助市政府成立的烟草产业发展领导小组，积极协调社会综治、工商、海关、质检等部门，在信息化监管、数据共享、执法资源共用等方面，探索新的合作渠道与方式，与交通管理、邮政管理部门新建协作机制，通过信息共享、数据比对，准确锁定打击目标。同时情报中心对不法分子进行思维模拟、行动推演,拼接描绘违法犯罪过程,实现全时空、全视角、针对性的动态化监控。

建立研判系统后该市局在涉烟案件中取得了一系列重大成果。2016年,该市情报中心共推送市内案件线索1 178条,全市共拦截寄递假烟包裹10万余个,查处单次寄递假烟数量上千条的案件近百起,查获违法卷烟856万支,实物案值1 375万元,依托情报中心,全年共查处5万元以上案件112起,百万元以上案件20余起,国际网络案件16起,集群战役4起,刑拘79人。2016年10月以来,该市情报中心向全国30个省份推送案件线索1.4万余条,查获假烟9 280万支、制假烟机3套,实物案值1.8亿元,刑拘112人。该市烟草专卖局自采用烟草研判系统后,在涉烟案件中取得了一系列的重大成果,研判系统发挥了不可比拟的重要作用。

3.2.2 新形势下如何打击卷烟制假售假网络案件

2008年至今,涪陵区烟草专卖局共破获卷烟制假售假网络案件14起,其中符合国家级网络案件标准9起,公安部、国家烟草专卖局督办案件5起,抓获涉烟犯罪嫌疑人350余名,打击处理120余人。2013年以来,面对卷烟制假售假犯罪手段更多样、活动更隐蔽、领域更广泛、反侦查能力更强的紧迫形势,涪陵区局积极拓宽打假思路,着力构建点、线、面一体的全方位监管格局和"行政多部门、公安多警种、司法相衔接"的立体执法网,改变办案模式,组织业务能力强、作风过硬的打假队伍与公、检、法三家单位成立联合专案组,全程参与案件办理。完善司法协作模式，让检、法两家单位提前介入侦查环节，指导专案组办案思路、取证方向、审查证据指向，研讨办案目的。并始终坚持打假破网实施过程中烟草专卖稽查部门要肩负主导、协调、配合、保障的角色，成功办理由小到大的"6·8"案件，从无到有的"7·16"案件。一路走来，涪陵区局已完成从打假破网中的后勤保障支持，到情报研判引导案侦、外线调查协助调查取证、专案内勤建档记录助力审讯的蜕变。

在打击卷烟制假售假活动中，烟草稽查部门联合公安部门合理运用情报，建立研判机制；充分利用好技侦、网侦、图侦、大情报4个情报部门的不同特点，完成海量数据收集；结合烟草稽查部门对于打击涉烟犯罪的经验，协助办案单位对以上部门的情报进行甄别、整理、建档；在技侦作为耳朵的基础上引入图侦作为眼睛，结合网侦的网络技术优势，加入大情报的海量数据来迅速锁定嫌疑人，并完成对嫌疑人的行为剖析。情报研判的实施方法具体包括：

（1）关联信息获取到车牌、电话、涉案人员身份证号码、银行账户等情报信息时，针对不同情况组织实施调查排查。

（2）实施布控。①通信工具布控（实施单位技侦）：完成情报获取，人员定位，上下家的突出，物流渠道突出，涉案账户获取；②快递布控（实施单位技侦）：完成对快递包裹内的物品取证，结合外线调查人员的布控情况，对取货人现场取证；③QQ、微信布控（实施单位网侦）：完成情报获取，人员定位，上下家的突出，物流渠道突出，涉案账户获取，涉案嫌疑人视频资料的获取；④身份零控（实施单位大情报）：完成对涉案嫌疑人的活动轨迹分析及人员定位，一旦嫌疑人在宾馆、网吧、洗浴中心、机场、火车站等场所使用身份证时及时预警，外线人员及时赶到现场进行布控；⑤卡121布控（实施单位图侦）：完成对涉案车辆在经过卡口时的视频资料调取，车身重量调取，掌握轨迹，研判规律，并可以完成一部分车辆运输物品的现场取证。⑥账户布控（实施单位内侦以及各个情报部门）：完成对已知账户的资金往来数据调取，并到涉及银行调取有无电子银行（如发现电子银行对登录IP进行调取并及时交付网侦），有无捆绑手机（如发现手机交技侦进行分析该手机是作案手机还是生活手机），涉案账户的身份信息（将身份信息交大情报进行梳理）提取存、取款人的视频资料。刻画嫌疑人存取钱轨迹、圈定活动范围并结合内线、外线 在经常出现的银行布控做好嫌疑人落地工作。

（3）综合研判结合内线（技侦、网侦）获取情况，综合情报支持（大情报、图侦），配合外线调查（烟草、公安），各种记录来刻画对象的心理、思维、行为逻辑、实施犯罪动向，总结其实施犯罪的规律、模式、心态、活动区域来引导案侦方向。

3.2.3 烟草行业科技信息数据库及其远程情报检索网络系统的建立与应用

根据国家烟草专卖局"烟草科技进步七年发展纲要"和国家科委信息网络总体设计方案要求中提出的"完成全国计算机情报检索联网"的要求，为了更好地促进烟草行业的科技进步，加速烟草科技成果转化为生产力的步伐，实现文献信息资源的共享，加快文献信息传递的速度,提高文献信息服务的效率,以不断满足行业内各单位对信息日益增长的需求,中国烟草科技信息中心近几年来先后建立了多个行业科技文献型与信息类数据库,并于1996年9月建成了国内外烟草科技、经济信息数据库及其通信网络系统。该系统是以中国烟草科技信息中心建立的各类数据库为中心,利用计算机和通信设备,同全国各地有关烟草企事业单位进行计算机联网,实现远程情报信息检索和数据传递,形成一个行业内较为完整的综合性的烟草科技文献和信息数据库及其情报检索和通信网络系统体系。该系统的建立可使烟草行业内的科技文献信息资源达到共享,并可及时有效地为国家烟草专卖局领导的决策以及为烟草行业内各企事业单位的生产、科研、销售等工作提供迅捷的信息服务。

3.2.4 烟草网络舆情预警与应对机制的应用研究

科学的舆情管理应体现PDCA循环。美国罗伯特·希斯的4R理论(预备Readiness、反应Response、恢复Recovery、缩减Reduction)为舆情管理提供了经验和支持。同时在每个阶段的各个环节都用系统的方法综合考虑5M1E因素(人Man/Manpower、机器Machine、材料Material、方法Method、测量Measurement、环境Environment),从而降本增效。

(1)模型架构。将PDCA思想融入网络舆情管理领域,得到以下思路:预备(Readiness)即网络舆情监测与网络舆情研判(预警),反应(Response)即网络舆情处置,恢复(Recovery)即网络舆情总结,缩减(Reduction)即在每一个阶段都充分考虑SMIE因素来提高效率。

（2）建设路径。烟草网络舆情预警与应对机制总体建设路径可围绕"监测""研判""处置""总结"四个问题展开，并在每一个问题的实现过程中贯穿5M1E因素。

1）监测功能主要解决监测什么、谁来监测、怎么监测三个根本问题。①监测什么：监测内容包括涉及各单位、姓名及敏感事件等关键词。关键词将根据行业的监测目录及实际监管需求进行动态调整。范围涉及互联网上的综合类门户网站、热门论坛、本地区热门网站和论坛、知名微博、博客等。为保证监测范围的广泛性，增加全省各地18个新闻网站、394个子论坛和各大知名品牌的微平台。另外，基于网络信息媒介日新月异的特点，监测需预留充足的扩展空间。监测类别的设置主要为后续研判和总结提供便利，目前已有13个类别。②谁来监测：组建舆情监测办公室，监测办公室设在市局（公司）信息中心，信息中心主任担任舆情监测办公室主任，并确定一名舆情监测员，负责网络舆情日常监测和信息平台运维工作，主要职责是接受舆情管理领导小组的指挥；负责网络舆情监管信息平台的运行工作；利用信息化手段加强对网络舆情的日常监测、记录和报送，对舆情处置结果进行跟踪。③怎么监测：为提高网络舆情监测效率，构建一个网络舆情监管信息平台，采用"爬""滚""挖"的信息监测技术，实现舆情信息的自动智能采集。为保证网络舆情数据的全面性和完整性，采取三种数据采集机制：本地服务器运行的五种网络爬虫程序（论坛、新闻、微博、QQ、淘宝）；云服务器平台采集；通过网聚系统汇集主流搜索引擎采集的全网数据。如果系统采集的实时信息命中关键词，可根据分值大小进行排列显示（分值越高，表示该信息越敏感、越重要）。

2）研判功能主要关注研判标准、研判队伍、研判程序三个核心环节。①研判标准：分别是Ⅰ级、Ⅱ级、Ⅲ级和Ⅳ级。Ⅰ级（特别重大舆情），指涉及敏感信息，且在全国性主要门户网站报道发布的；在全国性热门论坛或社区被置顶的；被知名微博转发的网络舆情。Ⅱ级（重大舆情），指涉及敏感信息，且被主流媒体报道发布的；在热门论坛或社区有效跟帖数达十条以上的网络舆情。Ⅲ级（一般舆情），指涉及一般敏感性信息，且被非主流媒体报道发布的；在地方性论坛或社区有效跟帖数量在十条以上的网络舆情。Ⅳ级（影响较小的舆情），指涉及一般敏感性信息，在地方性论坛、微博等，且关注度、有效跟帖量小于十条的网络舆情。②研判队伍：成立舆情管理领导小组，市局（公司）主要负责人任组长，其他负责同志任副组长，市局（公司）各职能处室负责人、各县级局（分公司）主要负责人为小组成员。领导小组对重大舆情进行集体研判。舆情管理领导小组下设舆情处置办公室，负责一般性网络舆情的研判工作。③研判程序：舆情处置员收到舆情监测员报送的舆情信息后，应立即报告舆情处置办公室主任，由舆情处置办公室主任视情决定是否组织集体研判，其中Ⅱ级（重大舆情）及以上级别的网络舆情事件必须召集网络舆情监测办公室、相关责任部门直至网络舆情管理领导小组成员进行二次集体研判。

3）处置功能主要抓住处置标准、处置队伍、处置程序三个关键步骤。①处置标准：针对Ⅰ级特别重大舆情成立应急处置小组；对于不当炒作、可能引发重大突发事件的，依法妥善处置；对媒体关注甚至热炒的有关敏感案件，必要时召开新闻发布会。针对Ⅱ级重大舆情成立应急处置小组；责任部门对所指事件进行调研，摸清实际状况；通过新闻发言人和网络发言人及时发布权威信息，解惑释疑。针对Ⅲ级一般舆情责任部门对所指事件进行调研，摸清状况后由网络发言人发帖撰文进行舆情引导；对于反映情况失实或恶语中伤的，通过正当途径公开辟谣；对网民反映情况属实或有一定根据的网络舆情，及时纠错和公开答复。针对Ⅳ级影响较小的舆情调查处理，有效沟通，必要时发帖撰文进行舆情引导等。②处置队伍：成立舆情管理领导小组。市局（公司）主要负责人任组长，其他负责同志任副组长，市局（公司）各职能处室负责人、各县级局（分公司）主要负责人为小组成员。领导小组负责全市系统网络舆情管理工作的领导、组织、协调和指导等工作。下设舆情处置办公室。舆情处置办公室设在市局（公司）办公室，并确定一名舆情处置员，负责网络舆情应对的常规性联络工作。市局（公司）办公室主任担任舆情处置办公室主任，舆情处置员、各县级局（分公司）办公室主任为办公室成员。网络舆情信息涉及的具体单位（部门）为舆情处置的责任单位（部门），在舆情管理领导小组及其办公室的指导下开展处置工作。在发生Ⅱ级（重大舆情）及以上级别的网络舆情事件后，舆情处置办公室牵头，与相关责任部门共同组成应急处置小组，该小组应在舆情管理领导小组的统一指挥下进行调查取证，收集事件相关信息，鉴别事件性质，确定事件来源，以确定事件涉及范围和网络舆情可能带来的影响及损害。组建舆情应对机动小组。在网络舆情处置过程中，可根据需要适时组建网络舆情应对机动小组，负责一般事务性操作。③处置程序：一是制定工作程序。制定专门的《网络舆情处置工作程序》，规定日常检测、信息报送、定级、响应、处置、跟踪、评估、考核八个环节的具体操作步骤和工作要求。二是建立记录表单。采用流程表单化的思路，将网络舆情监测信息报送、网络舆情研判、网络舆情处置承办等关键步骤的痕迹设计到一张表单中，做到简单明了、责任到岗。

4）总结功能跟踪闭环。监测办对网络舆情处置实施进展及后续情况进行动态跟踪，及时反馈相关信息，避免因处置不当引起网络舆情回潮反弹。评估闭环：对容易出现网络舆情的领域或工作事项进行实地调研，对网络舆情事件进行分析、鉴定和结果评估，科学分析造成危机的根源，有针对性地改进，提升缩减危机能力。借鉴闭环：建立网络舆情处置案例库，定期开展案例学习和案例分析，为类似舆情的应急处置提供经验，形成良性工作机制。修复闭环：开展办事公开民主管理工作，进一步打通员工自下而上反映问题的渠道，释放民意、化解矛盾；进一步加强思想政治教育，培养员工讲政治、顾大局，珍惜工作、爱岗敬业，"潜心做事、低调做人"的良好品质。

3.2.5 移动互联网背景下烟草打假公共信息平台建设研究

1.打假公共信息平台研究建设情况

杭州烟草打假公共信息平台是以"监管者最想实现什么，消费者最想了解什么，守法户最期盼什么，违法户最惧怕什么"为切入点，通过对现有专卖监管成果数据的有效整合，借助微信公众平台，依法、依需地将专卖管理信息进行公开，并与以消费者为主的手机平台用户形成互动，及时获取消费者意见，形成社会公众对卷烟市场秩序的网络监督和评价环境。通过监管信息来源多样化、监管信息结果公开化，以及零售户守法自律化，实现监管者有效控制违法行为、规范卷烟市场秩序的管理目标，形成让零售户从违法转向守法，从守法趋于诚信，从诚信扩大经营的正面引导力量，为消费者提供更为及时准确的有效服务。

杭州烟草打假公共信息平台基本建设思路为：构建对外公布数据、搜集信息渠道，实现对外连接；完善以政务网为基础的数据发布平台，实现对接收信息处理功能，建立可公开信息数据库；依托现有专卖管理系统，整合监管结果数据。

（1）渠道的选择。项目在保留与完善传统访问方式的基础上，积极探索利用新型的自媒体访问模式。自媒体是指社会公众能够在任何时间、任何地点，以任何方式访问网络，通过现代数字科技与全球知识体系相连，提供并分享他们的真实看法、自身新闻的一种途径和即时传播方式，主要包括微信、微博、社交APP与网站等。目前，杭州烟草提供社会公众访问的只有烟草政务网，这显然已与互联网大数据时代潮流所不符。对于自媒体访问模式的选择，暂定使用微信公共平台。微信公众平台目前拥有实时交流、消息发送和素材管理的功能，用户可以对公众账户中的粉丝进行分组管理，实时交流，同时也可以使用高级功能——编辑模式对用户信息进行自动回复。同时，微信还开放了部分高级接口权限，如语音识别、生成二维码、获取用户地理位置以及获取用户基本信息等。上述功能较好地符合杭州烟草公共信息平台对第三方平台的功能要求。公共信息平台将基于第三方公众平台——微信平台建立数据交互通道，借助微信平台窗口与公众建立信息交互。不同身份用户通过移动终端关注"杭州烟草"的公众微信号，可以及时收到杭州烟草推动的相关信息，也可以通过微信菜单，主动查询自己所关注的信息。

（2）平台的搭筑。公共信息平台是项目建设的核心，当用户使用微信公众平台查询零售户信息后，平台会展现以下内容：零售户基本信息、零售户监管信息、卷烟信息和互动平台。

（3）系统的整合。公共信息平台上的信息来源于专卖、营销、配送以及投诉等信息系统或模块，通过对应用系统的接口改造，根据对外公开内容需求从相应的系统和模块中抽取信息，形成对外公开信息汇总表，并自动传送至对外公共信息平台。

2. 平台主要功能的实现

（1）信息源的提炼萃取。通过公共平台向社会公众提供信息，主要包含零售店基本信息、零售店检查记录、零售店地理信息以及卷烟真假鉴别信息。为保证信息的一致性、易维护性和可操作性，所有信息源均从行业现行信息系统中提炼。其中零售店基本信息以专卖系统中零售户基本信息为准，零售店检查记录以专卖系统中市场检查结果信息为准，零售店地理信息以省局GIS平台为准，卷烟基本信息以专卖系统中卷烟信息为准。

（2）信息交互渠道建设。项目借助在移动互联网上应用程度极高的腾讯微信平台作为渠道窗口，搭建一条"公众移动终端—微信平台—公共信息平台"完整的信息交互渠道。为使社会公众能够方便快捷地参与到信息交互网络中,信息交互渠道必须普及且灵活,同时兼顾渠道推广难度、移动终端的兼容性以及项目开发成本等问题。

(3)信息互动与交流。项目通过公共平台向公众群体互动与交流的信息主要包含零售店查询、消费评价、卷烟咨询及卷烟投诉四方面。在零售店查询方面,除传统的以店名或店址的模糊查询外,还需结合移动互联网特点增加二维码扫描查询和GPS地理信息定位查询;在消费评价方面,一是以游客身份(任何关注公共平台的公众群体)对零售店卷烟销售情况进行客观评价,二是以老顾客身份(经手机号等真实信息注册的公众群体)对零售店经营口碑"点赞",评价信息一方面可向公众群体客观反映零售店经营现状,另一方面也可为专卖市场监管方向提供参考;在卷烟咨询方面,需具备模板库化的机器人自动答复和人工答复两种方式;在卷烟投诉方面,采用投诉单式方式建设,即投诉人、联系方式等基础信息以格式化录入,投诉内容以文本自由录入,投诉回复以人工方式通过电话或微信消息予以答复。

(4)信息管理控制。公共信息平台所展现的信息具备真实性、严肃性和可靠性,对于平台信息管理必须具备相应的控制手段:一是零售店检查结果发布审核,检查结果由公共平台定期从专卖系统抽取,但在正式发布前须由人工检查审核,避免错误的检查结果对零售店经营声誉造成影响;二是平台发布信息审核,通过公共平台向公众群体公布或发送的信息需按权限进行审核控制;三是评价信息管理,对零售店的恶意评价可通过人工干预并屏蔽删除,并可以平台管理员身份发表相关补充说明,消除恶意评价对零售店造成的不良影响；四是公众账户管理，对发现恶意评价、恶意投诉的公众账户（含游客和老客户）可列入平台黑名单，禁止其平台互动交流功能；五是信息内容过滤，对公众发表的内容中涉及非法、暴力、色情等敏感关键字进行自动屏蔽。

（5）信息统计分析。公共平台具备丰富的信息统计分析功能，至少涵盖以下几方面：一是零售店综合统计，包含以时间、片区等维度下的访问量统计、好评度分析、点赞率统计、违规情况统计等功能；二是公众账户综合统计，包含账户总数统计、老客户数统计、账户活跃度分析等；三是咨询综合统计，包含咨询问题分析、咨询总数统计、咨询回复率统计等；四是投诉综合统计，包含投诉总数统计、投诉受理率统计等。

（6）其他辅助功能。系统同时具备必要的辅助功能，以增强系统自身的可用性、兼容性等，如系统用户管理、系统维护、权限管理、日志审计、外部相关系统数据交互接口等辅助功能。

3.2.6　浅析涉烟情报网络在烟草专卖管理中的运用

涉烟情报是专卖执法的主要案源。以四川省凉山州为例，2016年1—8月查获涉烟违法案件952起，其中利用情报线索查获的案件占85%，特别是在物流运输、仓储环节的案件更是100%依赖情报线索。

1.建立涉烟情报信息网络的方法

实施"214"工程，即建立2个节点，从组织架构上将地市级局作为情报分析处理的枢纽节点，将县级局作为情报搜集的终端节点；搭建1个平台，在情报信息传递上形成以地市级局为主体的情报处理平台；完成4个保障，制度保障、经费保障、装备保障、协作保障，最终形成一张集情报搜集、分析、利用为一体的高效网络。

（1）明确职能定位，从组织架构上形成网络节点。

1）地市级局作为中枢节点，重点是发挥情报信息分析功能。依靠信息技术支撑，建立情报信息数据库，进行大数据分析。数据库可分为管理类、涉案物品类、重点监控类。①管理类，包括已查获的案件、许可证、市场监控等信息，有利于在查获涉烟违法案件时快速掌握历史违法数据、持证情况、涉案人员等情报；②涉案物品类，包括已查处的烟草专卖品及车辆、库房、经营场所等信息，可为日后案件查处提供帮助，特别是卷烟品牌、流向，可为市场检查或案件查办指明方向；③重点监控类，包括重点监控人员和车辆的相关信息，可通过信息系统自动预警多次违规或涉案金额达到一定比例的涉烟违规人员或车辆，也可由各级局根据工作实际对重点监控的涉嫌违规人员、车辆、库房等信息进行录入，为案件办理打下基础。

2）县级局作为终端节点，重点是增强情报搜集功能。一是完善重点监控类信息收集。对辖区内重点监控车辆、库房、人员等情报信息进行收集整理，尽量完善，录入数据库。二是大力发展情报搜集人员，拓宽情报搜集渠道。从各层面入手，寻找能够与涉案人、物接触，又利于发展的人员，建立一支情报搜集队伍，构建产、供、销全触角，运、储、装无死角的涉烟情报信息收集网络，为案件查办提供可参考和利用的线索。

（2）搭建运行平台，从情报运用上形成网络连线。设立地市级局情报信息处理平台，集情报信息汇总、分析、传递，案件侦查协调、指挥调度于一体。将中枢节点和各终端节点紧密连接，上下互通。通过对数据库中基础数据和实时情报线索进行提炼分析，对涉及跨区域的涉烟违法网络的组织体系、运作流程、活动规律、涉及的区域和人员以及人员之间的相互关系等信息通过平台传递出去，提高涉烟案件查处率。有效运用该平台，可降低成本，提高效率，起到事半功倍的效果。

2.建立保障机制，支持情报信息网络有效运行

一是制度保障。建立情报分级管理、保密管理、重大责任追究、查阅传递等制度，使情报网络管理科学化、规范化、制度化、流程化。二是经费保障。在保证监督、符合财务规定的前提下，可尝试设立前期线索调查费用和情报搜集队伍维护费用，加大情报信息搜集力度。三是装备保障。在传统装备的基础上增加购置GPS定位跟踪装置等现代化侦查跟踪设备，提高案件查处效率。四是协作保障。建立公安、工商等职能部门协作机制。充分运用相关部门资源，提前介入情报线索搜集，实现资源共享，信息互通。建立政法系统协作机制，增强行政执法与刑事司法衔接，快办快处，有效震慑不法烟贩，增强市场管控效果。总之，涉烟情报网络的建立和运行是项系统工程，需要在长期的实践中不断改进，才能更加完善。

3.3 其他行业情报研判研究

情报研判系统在烟草行业的发展刚刚起步，而在其他行业如警务、工商领域发展许久。我们要找出烟草情报分析研判方法，可以借鉴现有的警务公安以及工商部门的情报研判方案，从中分析抽取出适用于烟草情报的分析研判方法。

3.3.1 国内公安情报研判系统

我国公安信息化建设经过十几年的发展，已经建立了包括城市常住人口、暂住人口和违法犯罪数据库等几十个不同类型的公安信息子系统，这些数据库系统积累的大量业务数据成为公安情报数据的主要来源。传统的公安情报分析和研判工作由于数据仓库、数据挖掘和知识发现等最新信息技术的引入，可以从海量的数据中挖掘出有价值的信息以辅助决策，使得情报的分析智能化越来越成为可能，促进了现代警务向情报主导化转移。各种公安信息系统中的原始数据可以按照统一的标准格式进行存储，便于后续处理和分析，构成了设计的公安情报分析系统的主要数据。在对满足预设条件的公安情报数据的有效性和可信度进行价值判断后，对收集的数据进行一定的抽取和转换，就可以进入数据整理分析阶段，再对数据根据需求进行分类排序、关联性分析、聚类分析和统计分析等处理，得到的分析结果可以用图形化直观展示或生成一定格式的文件与其他专业软件进行交互。主要的借鉴意义在于很好地运用了可视化工具，将收集到的信息处理后用可视化界面展示结果，链接信息线索，使线索信息更直观。

3.3.2 国内工商情报研判系统

工商情报信息工作是市场监管执法的基础性工作，直接决定着监管执法的效能。情报信息工作能力，是监管执法能力的重要组成部分。做好情报的分析研判，目前工商情报研判系统要求做到以下几点。

（1）要重点抓好对互联网站的监控，对于平台内的违反工商行政管理法律法规的违法经营者运用相关软件搜集违法证据，及时移交办案单位依法予以处罚。

（2）加大对网络新闻事件的搜集力度，从中及时发现涉及违反工商行政管理法律法规的信息，及时捕捉带有苗头性、倾向性、群体性的涉及工商执法工作相关问题，确保重大情报早发现、早报告、早预警、早处置。

（3）以网络为依托，建立起情报收集、分析、响应及信息发布机制，通过收集的情报信息进行分类，对案件线索积极主动做好网络情报研判后交由办案单位进行追踪查办。

（4）建立网络情报快速响应机制。发现涉及本区域工商执法工作的相关情报，立即第一时间展开调查，掌握真实情况，采取积极有效应对措施，与发布信息的门户网站或论坛保持信息畅通和联系，并按上级要求及时组织针对性评论，积极展开正面引导，及时化解各种负面影响。

（5）建立情报信息常态发布机制。通过及时、客观地在网上发布群众急需了解的相关工商执法信息，主动满足群众的知情需求，从而减少工商行政执法的负面影响。

工商行业的情报研判系统所采取的方案如抓紧对互联网站及网络新闻事件的爬取搜集，建立情报收集、分析、响应及信息发布机制等都对建立烟草情报研判系统有借鉴参考作用。

3.3.3 基于大数据的电子战情报系统

1.系统架构

为应对大数据时代的挑战，借助大数据技术在多源海量数据管理、高效计算、分析处理等方面的优势，构建基于大数据的电子战情报系统，系统体系架构如图3.1所示。系统分为数据源层、大数据层、分析层和应用层。

数据源层负责接入各类数据源各种形式的情报数据，包括雷达侦察数据（ELINT）、通信侦察数据（COMINT）、雷达数据（RADINT）、图像数据、语音数据、技侦数据及其他资料数据等。

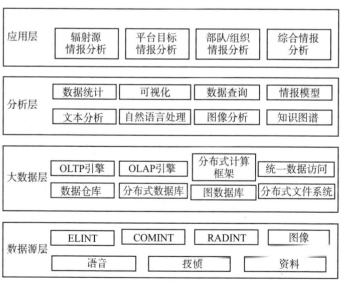

图3.1　电子战情报系统架构图

大数据层用于对各种形式的数据进行存储，并支持上层服务和应用的海量运算请求和并发访问请求，包括OLTP（联机事务处理）引擎、OLAP（联机分析处理）引擎、分布式计算框架和数据仓库等。

分析层是系统的通用算法层，为上层应用提供算法支撑，包括情报模型、查询、统计、可视化、文本分析、自然语言处理、图像分析和知识图谱等。

应用层是系统的业务层，为用户提供不同的情报分析业务功能，包括辐射源情报分析、平台目标情报分析、部队/组织情报分析和综合情报分析。

2.情报模型

情报模型是分析层的核心，是大数据分析算法的设计输入，也是系统分析处理成果的最终表现形式。根据电子战情报处理领域情报产品设计的经验，经裁剪和扩充，形成了如图3.2所示的电子战情报产品信息模型。

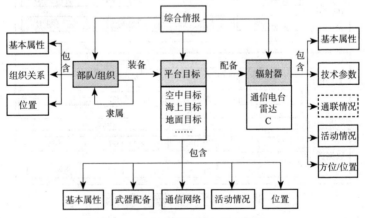

图3.2 电子战情报产品信息模型

情报产品实体包括辐射源、平台目标、部队/组织及综合。辐射源是配备在平台目标上的,如飞机、舰船等,每个平台目标可配备多个不同类型的辐射源,比如飞机上有通信电台和雷达等。平台目标装备于部队/组织,每个部队/组织可装备多种类型的平台目标,部队/组织间也存在隶属关系。综合情报是对部队/组织、平台目标、辐射源等的综合分析。

(1)辐射源。辐射源主要指通信电台、雷达等辐射电磁波的电子设备,利用基本属性、技术参数、通联关系、活动情况、方位/位置等进行描述。

1)基本属性:用于描述辐射源的基本情况,包括辐射源的型号、类型、用途等信息。

2)技术参数:用于描述辐射源的频率域特征参数,对于通信辐射源,包括工作频率、带宽和调制样式等,对于雷达辐射源,包括工作频率、脉宽和重频等。

3)通联情况:用于描述通信辐射源的通联活动情况,包括通联关系、通联时间和通信内容等。

4)活动情况:用于描述辐射源的工作情况,包括工作时序、工作用频和工作模式等。

5)方位/位置:用于描述辐射源的活动方位/位置,如侦察设备通过测向/定位获得的辐射源方位/位置信息。

(2)平台目标。平台目标主要是指配属有辐射源、服务于部队/组织的各种作战平台或设施,包括空中目标、海上目标和地面目标等,利用基本属性、武器配备、通信网络、活动情况、位置等进行描述,平台上可配属多种类型的辐射源。

1）基本属性：用于描述平台目标的基本情况，包括平台型号、平台类型和平台战技参数等。

2）武器配备：用于描述平台目标配备的武器情况，包括武器型号、类型等。

3）配属的辐射源：用于描述平台目标所配属的辐射源，包括辐射源型号、类型等。

4）通信网络：用于描述平台目标基于通信、互联而建立的通信系统，包括通信网络的技术特征、网络拓扑和通信成员等。

5）活动情况：用于描述平台目标的活动规律，包括活动频度、活动时间和活动区域等。

6）位置：用于描述平台目标的位置信息，可以是固定位置，也可以是一段时间的航迹。

（3）部队/组织。部队/组织主要是指由人员组成的、具有特定层次结构的军事/民间机构，利用基本属性、组织关系、位置进行描述，部队/组织可配属多种类型的装备。

1）基本属性：用于描述部队/组织的基本情况，包括名称、所属国家、类型和任务等。

2）组织关系：用于描述部队/组织的组织结构，包括编制、层次关系等。

3）位置：用于描述部队/组织的驻地或作战部署地。

4）装备的平台目标：用于描述部队/组织所装备的平台目标，包括平台型号、数量等。

（4）综合情报。综合情报主要是指在某个条件下对部队/组织、平台目标、辐射源的综合分析结果，如在某段时间某个区域内部队/组织、平台目标、辐射源的部署及活动情况。

3.3.4 基于系统论的治安情报信息网络体系分析现状

1.涉及人的要素

（1）治安情报信息的提供者。主要是指治安情报的信息源建设，治安情报信息的真伪、多少与重要性直接关系着后续的情报加工与决策。因此从信息源的建设角度来讲，需要量多、面广，尤其是重点部门、重点行业的信息源的建设。在传统的治安管理时期，这项工作主要是靠物建治安信息员和信息组织来完成，这是一项传统的、极富群众性的工作法宝，在今天的治安管理过程中，仍然处于比较重要的位置，比如有的公安局以社区市民学校为依托，建起了以百余名"十大员"（计划生育查访员、出租车驾驶员、邮递员、护林员、抄表员、清洁员、乡村医务员、酒店服务员、保险业务员、售货员）为主的治安防范信息网络，努力把工作触角延伸到社会各个层面，全方位收集各类情报信息。

（2）治安情报信息的采集者、加工传输者。前者主要是指对于情报信息进行收集，并进行初步应用或提供给上级的人，从某种严格意义上讲，指的是基层民警。正是这样一些人使得治安情报信息开始进入公安机关的视野。后者在现行的公安派出所管理体制中，主要是指专职信息民警或内勤民警，兼职完成信息的录入与上报工作。

（3）治安情报信息研判分析人员。治安情报信息的分析与研判工作往往处于相对较高层次，鉴于目前广大公安民警的信息素质以及业务素质的差异性，更是由于情报信息研判的技术含量相对较高，这项工作往往由派出所中或上级公安机关信息中心的专职信息研判分析人员完成，并将研判分析结果反馈相关部门。从现在的公安实际状况来看，治安情报信息的研判还处于低层次的状况，表现为应用率低、会用率低、深度信息挖掘量少，是公安部门急需补强的薄弱环节。

（4）治安情报信息的应用者。主要是指将治安情报信息加以运用，并付诸实际工作行动的人。具体来说包括刑事案件侦查人员、治安案件的办案人员和各级公安机关的领导决策者。

（5）各级治安情报信息组织。组织现象是现代社会的普遍特征，组织是人类进行生产生活的直接依托，体现的是一种归属感，物建的信息员往往属于某一个组织。从管理的角度而言，组织体系越发达、越成熟，则意味着管理工作的完善性越好。目前广泛存在的治安情报信息组织包括治安联防队、治保会、各个单位普遍建立的内保组织以及社区物业安防组织等。

2.涉及物的要素

（1）各类治安安全防范的技防设施。这里主要指设在重点行业、重点场所、重点部位的视频监控系统、计算机联网的行业管理信息系统。具体来说，包括旅馆业、印章刻字业、典当业的治安管理信息系统、娱乐场所重点部位、城市道路重点路段路口、单位及社区内部设置的视频监控系统等。从某种意义上讲，这些设施摄录的图片信息就是治安情报的重要信息源以及犯罪证据。从2004年开始，我国就在大中城市开始了城市治安防控视频监控系统的建设，部分建成的设施开始在城市治安防范方面发挥着重要作用，并已取得显著成果。

（2）治安情报信息计算机网络。主要指遍布全国的公安计算机专网以及在该平台上运行的各类治安情报信息系统软件。金盾工程的一期工程使得我国城乡的每一个派出所联入了该网，实现了部、省、市、县及其派出所的互联互通，促进了公安信息资源的共享。围绕警务信息资源的共享，也开发了一系列区域性的、行业性的应用系统，比如城市警务信息综合应用平台、派出所警务信息综合应用平台等。

治安情报网络体系的系统联系机制包括各种规范与规章制度。规范主要是与治安情报信息警务相关联的信息标准、系统标准等。制度则是从管理层面，为了保证信息与警令畅通而制定的各种行为准则与工作机制。

情报信息警务相关的技术标准情报信息管理是相当规范的，有其一套完善的理论与方法，特别是在计算机网络管理的条件下，特别强调情报信息的标准化与规范化。为此公安部早在金盾工程建设的初期就提出了公安信息化标准化建设体系，在信息采集与规范方面普遍采用公安大学教授提出的"五要素"模型，即案件信息管理的人、事、物、地、情等，围绕五要素做好信息的采集与录入工作。另外还有一系列有关计算机网络建设的标准规范体系，它是各地公安部门建设本地公安信息系统必须遵循的标准体系，包括计算机网络标准、代码标准等。除此之外，从信息分析研判的角度，还可以包括一些完善的分析程序与方法体系。这方面的工作目前还处于比较薄弱的状态。

3. 治安情报信息网络体系制度

治安情报信息网络体系不仅仅是一套计算机网络管理体系，更是一套完善的治安情报信息工作管理体系，需要有一套管理制度体系作为保证。具体来说，包括治安情报信息采集报送机制、研判机制、交流机制和反馈机制以及一系列的考核管理机制。

（1）治安情报信息的采集报送机制。解决了哪些信息应该被采集以及如何报送的问题，使广大民警与信息员知晓信息采集的方式方法。在工作中，我们必须在各个行业、各个阶层、各个重点单位内建立治安特情；多方面公布有奖举报电话，宣传、鼓励广大群众对各类违法行为进行举报，大打人民战争；加强同重点企业、单位内保人员的沟通，见微知著，及时把握群体性事件的苗头。全面的情报信息收集是第一步，只有如此才能为情报信息的筛选、鉴别及使用提供准确的依据。

（2）治安情报信息的研判机制。研判工作是情报信息的关键一步，只有通过研判，才能提炼出有价值的信息，用以指导警力的投向和投量。治安情报信息的研判应该分级进行，基层单位负责属地一手的材料收集研判；分局则在此基础上进一步提炼，把握全区形势，掌握重点区域、部位；市局则综合各区情况，统筹调配。根据不同的研判情况和违法犯罪活动的区域特征，及时发出不同的预警信号：绿灯说明治安良好，黄灯说明基层单位要加强巡逻，加大打击，红灯则需要分局部署警力进行专项整治，如果是黑灯，市局就要考虑抽调其他区的警力对此区域进行严打。这样就可以把有限的警力和治安力量以最合理的比例和最快的速度投入到最需要的部位。

（3）治安情报信息的交流机制。交流主要指同其他警种、其他部门和其他地区单位的情报信息的互换、共享。情报信息进行交流，就可以使有限的力量发挥最大的作用。目前最合适的做法就是建立信息共享网络，将情报信息分类上传，这样就可以将各警种、各地警力资源优势互补，提高区域间的快速反应能力和区域合作，有利于网上追逃、协查，形成一张"天网"，全面压缩各类违法犯罪活动的生存空间。如广东的佛山与广州两地公安局因先天的地理区位以及经济的原因，两地将建立广佛情报会商机制，定期召开犯罪情报信息工作例会。据了解，两地将加强情报信息的交流共享。在案件信息、在逃人员信息、被盗抢机动车信息、指纹信息、违法犯罪人员资料信息以及各种社会信息等方面，加大交流共享力度，实现数据资源共享，提高精确打击能力。

（4）治安情报信息反馈机制。反馈使得情报信息网形成，可以优化情报信息的价值，也能够进一步提升情报信息收集、研判的能力，形成侧重点。信息反馈是优化情报服务，提高情报资源利用系数的探路石。由于信息情报既有稳定性、周期性的一面，又有随机性、复杂性的一面，因此，有效的信息反馈既有助于协调公安机关内部各机构的工作，也有助于鉴别各种现象的周期性、持续性。

（5）治安情报信息员管理考核机制。目的在于充分调动各类各级治安情报信息员的工作积极性，提高其工作能力。利用各种教育培训机会，重点强化对有关安全法律法规的教育培训以及信息员的工作职责和方式，充分调动信息员的积极性和主动性，增强信息员识别违法行为和提供线索的能力，提高信息质量。利用考核与奖惩形成情报信息的收集与应用动力机制，对局属各部门的情报信息工作实行目标管理，建立评分考评制度，对报送信息和采用情况逐月通报，年终根据累计得分及相关工作情况，予以表彰奖励；对出现漏报、迟报、误报的信息员，追究相关责任；鼓励广大群众积极提供信息线索，对提供有价值线索或抓获犯罪分子有功者，给予重奖。

第4章 "互联网+"环境下的涉烟情报采集系统

4.1 情报采集的方法

4.1.1 公安部门情报采集的主要方式

采集信息是情报信息工作的基础和各项公安工作开展的前提，信息收集的准确性、及时性直接关系到围绕所收集的情报信息展开的整理归纳、分析研判、预警通报、实战应用等各项工作的质量。只有全面、准确、及时收集、掌握预警性情报信息，才能为情报信息各项工作的开展奠定坚固的基石。情报采集作为情报流通过程中一个重要环节，人们常通过以下方法进行情报采集。

（1）特情。特情也就是人们所说的"卧底""隐蔽力量""秘密情报"。通常针对重大的，无被害人的案件，或者类似黑社会性质的有组织犯罪，严重危害国家安全的犯罪，而且难以侦察和突破的案件，使用特情。特情的使用必须非常谨慎和规范。一旦特情人员的行为失察、失控，甚至成为犯罪的制造者，对社会的危险往往更大。扩大秘密力量的覆盖领域，加强对犯罪源头的情报控制力量,在重点领域、重点行业的重点部位、关键环节以及犯罪嫌疑人周围关系和活动、落脚的场所,建立一支既有数量和质量,又有发现和控制能力的特情队伍,构筑秘密情报网络,对于获取情报信息是十分有利的。

(2)线人提供的情报。线人就是出于需要,将社会上的其他人员发展成为为其提供情报的人员,这种人平时仍是从事自己的工作,利用自己的工作做掩护,进行刺探收集相关情报。目前的特情、线人都是单线联系,其大致情况一级备案,但是确切名字只有负责与其联系的人知道。这种操作的秘密性是为了特情和线人的安全考虑。

(3)群众举报。通过加强群众工作和各种传媒的沟通,争取社会各界的理解和支持,根据群众举报等而收集的相关情报信息,畅通互动信息网络。

(4)自行侦查。如资料搜集工作,采取现场勘察、调查走访、窃听、偷拍等。

1)利用高科技手段获取的情报,利用先进的科学技术收集和分析情报信息,是情报侦查工作现代化的一个重要标志。在大力加强情报信息建设的基础性工作的同时,还应高度重视情报信息工作的现代化,推进情报信息管理逐步向自动化、网络化、细微化发展,达到规模效益。利用摄像"探头"录像设备。利用机场、码头、火车站、汽车站、高速公路收费站、交通要道的关口、商场及银行等地方,设置的摄像"探头"录像设备。

2)利用卫星自动跟踪系统。利用卫星自动跟踪系统(例如EPU动态目标跟踪、ASRC静态目标定位卫星定位系统)和借助GPS（Global Positional System）全球卫星定位系统、GSM（Global System for Mobile Communications）全球数字蜂窝移动通信网络系统和GIS（Geographical Informational System）地理信息系统等，实现对移动中的人或物体的定位、监控与调度。我国发射了为数不少的卫星，其目的就包括军事情报、反恐情报、打击毒品犯罪等。美国情报系统就利用美国SAIC科学应用国际公司的情报数据挖掘和传感器系统，从截获的恐怖分子哈立德发给其他基地成员的短信中，找到了重要的情报线索。还利用追踪潜艇的海底成像传感器，能探测到集装箱和拖车内部的伽马射线装置，进行信息快速筛选的程序、帮助美国地质勘查局管理从传感器到卫星所有设备中存储的数据等。

3）利用手机追寻定位行踪。手机的通信过程就是使用手机把语言信号传输到移动通信网络中，再由移动通信网络将语言信号变成电磁频谱，通过通信卫星辐射漫游传送到受话人的电信网络中，受话人的通信设备接收到无线电磁波，转换成语言信号接通通信网络。因此，手机通信是一个开放的电子通信系统，只要有相应的接收设备，就能够截获任何时间、任何地点，接收任何人的通话信息。另外通信部门开发的"手机定位"业务，手机用户之间可以在手机屏幕上"定位地图"的导航下，发现各自的所在。在如此精确的"定位"下，被调查的人很难"遁身"，个人行踪、位置、随时方便地测出，"手机定位"等于"跟踪器"。

4）快速锁定被调查方的电脑IP地址。通过专业的IP地址查询工具，来快速搜查到被调查方计算机的IP地址。如Where Is IP，可以轻松根据被调查方的Web网站地址，搜查得到被调查方的IP

地址，甚至还能搜查到被调查方所在的物理位置。

随着社会信息化的快速发展，情报信息在公安工作中的地位也日益突显，情报信息工作只有积极适应社会信息加速发展的需要，才能在复杂的刑事侦查工作中占有绝对优势和主动，也只有充分发挥公安情报信息的超前性、预警性，加强情报信息搜集及综合应用能力，及时获取深层次、内幕性、预警性信息，才能使公安机关在打击刑事犯罪，加强社会治安管理防控中做到敌动我知、先发制敌，从而有效地提高公安机关对各类案（事）件的快速反应能力和处置水平。

4.1.2 其他情报采集的主要方式

情报采集的范畴是非常宽泛的。它不仅限于公安机关取得的犯罪情报，还包括电视记者拍摄新闻素材、调查工业产品的销售情况、产品销售分布、原材料的来源、价格、供应量等等。因此，它的采集方式也是多种多样的，情报采集人员需要根据情报类型选择合适的获取方法，才能事半功倍。

（1）社会调查。社会调查是获得真实可靠信息的重要手段。社会调查是指运用观察、询问等方法直接从社会中了解情况，收集资料和数据的活动。利用社会调查收集到的信息是第一手资料，因而比较接近社会，接近生活，容易做到真实、可靠。

（2）从文献资料中获取信息。文献是前人留下的宝贵财富，是知识的集合体，在数量庞大、高度分散的文献中找到所需要的有价值的信息是情报检索所研究的内容。报纸、行业网站、文献、杂志、广播电视等传媒专访也是可以利用的资源。

（3）观察法：通过开会、深入现场、参加生产和经营、实地采样、进行现场观察并准确记录（包括测绘、录音、录像、拍照、笔录等）调研情况。主要包括两方面：一是对人的行为的观察，二是对客观事物的观察。观察法应用很广泛，常和询问法、搜集实物结合使用，以提高所收集信息的可靠性。

（4）实验法：通过实验室实验、现场实验、计算机模拟实验、计算机网络环境下人机结合实验等过程获取信息或结论。可主动控制实验条件，包括对参与者类型的恰当限定、对信息产生条件的恰当限定和对信息产生过程的合理设计，获得重要的、能客观反映事物运动表征的有效信息，在一定程度上直接观察研究某些参量之间的相互关系，有利于对事物本质的研究。

（5）互联网信息收集法：通过计算机网络发布、传递和存储的各种信息。

4.2 传统涉烟情报采集

4.2.1 从投诉举报中采集情报

通过投诉举报电话获取相关情报是烟草专卖管理部门获取涉烟案件情报的一个重要途径，也是准确打击涉烟犯罪分子的重要手段。作为专卖人员在接听投诉举报电话时一定要耐心受理认真核实，使投诉举报信息在涉烟案查处中发挥应有的职能。要耐心受理，对接听的投诉举报电话要认真对待，细心接听，并做好记录。对举报的案件线索要详细了解时间、地点、人物及涉案物品等相关信息。对群众投诉涉烟违法经营信息要详细了解经营的客户地址商店名称等相关信息进行查处。

电话投诉方式存在一个问题即群众较难记住投诉电话,针对这个现象可以给投诉电话设立接口,例如和全国烟草投诉电话或114电话查询设立转接接口,使群众投诉更加便利。另外接受投诉的途径可以不局限于接受电话投诉,可增加QQ群、微信公众号等投诉方式,拓展投诉途径,降低投诉成本和风险。

传统接受投诉举报信息通常都记录在纸质版资料上,不利于信息的整合、保管与利用。情报研判系统需要大量的数据来源作为支撑挖掘,设计表4.1数据格式,接线员需照要求填写并在每天下班前通过前台上传至情报系统中,以便情报研判中心人员调用挖掘。

表4.1 投诉方法采集烟草信息

时间	地点	投诉种类	估计数量	投诉人姓名	投诉人电话	记录员

注:投诉种类包括制假、售假等

4.2.2 从日常市场检查中采集情报

从日常卷烟市场监管中获取涉烟情报是专卖人员收集情报最直接和最有效的方法,多数涉烟案件的查处都是在日常市场检查时发现的。作为专卖人员,要充分发挥市场监管的主动性和能动性,认真履行工作职责,主动出击以确保在第一时间发现更多的涉烟情报。

对容易出现违法违规情况的零售户，制定措施，重点监管，查找线索如特殊籍贯人群经营的烟酒店，一般装修豪华，租赁费、税费等各类费用支出较多，在收入与支出出现倒挂的情况下，容易出现涉烟违法经营活动，要将其作为重点监控对象，发现违法违规经营线索的，要一查到底，从这些特殊零售户中充分挖掘相关情报。

此环节是收集涉烟情报的重要环节，烟草专卖局可以在每一个稽查队伍中指派1位熟悉了解卷烟市场发展大局和专卖工作主业，具备敏锐的洞察力、严密的逻辑思维能力、较强的综合判断力和丰富的社会阅历的稽查员作为涉烟情报的收集人员，规定稽查队伍中的情报收集人员要把每一次市场检查中的重要信息记录下来，定期向市局情报中心上传数据和汇报工作。市场调查记录重要信息应有一个标准的表格模式以便后续规范录入数据库使用，见表4.2。

表4.2 日常市场检查情报信息

时间	地区	商店名称	是否发现假/私烟	数量	检查人

4.2.3 从卷烟销售变化中采集情报

在日常案件查处中，专卖人员要与营销人员紧密协调，互通信息，除通过营销人员了解案件线索外，要高度关注辖区的卷烟销量，将一些销量变化较大的卷烟品牌列为重点监控品牌，特别是对一些销量减少比例较大的卷烟品牌，进行重点的检查，看是否有同类别、同档次的违法卷烟流入辖区市场，从而查找案件线索，收集相关情报，进行重点的打击和整治。要依托信息网络平台，对订购卷烟数量较大的零售户，进行订货数据分析，对销量异常的零售户，进行上门检查，看其是否存在违法经营。

在这一环节中，烟草专卖局要指派3~5人负责从烟草公司营销人员处调取销售数据。需要了解的数据除了销量变化较大的卷烟品牌、销量减少比例较大的卷烟品牌以外还需要了解烟草公司内部系统提示报警的信息。特别是对于一些重点监管烟草零售户，要把他们每个月从烟草公司进烟的情况做一个统计，从进烟数量的波动中充分挖掘涉烟情报，定期上传给情报中心，定期汇报工作，见表4.3。

表4.3　卷烟销售变化情报

时间	地区	商店名称	是否发现假/私烟	数量	检查人

4.3 基于大数据分析的涉烟情报采集

建立情报分析研判系统,首要的工作就是大规模数据的随时、在线收集。在大数据时代,人们日常生活中的衣食住行,甚至所做的一切几乎都会留下数字痕迹。情报资源数据量的急剧增加,需要更加快捷、高效、准确的手段获取大量的情报数据。

4.3.1 从已查获的案件中采集情报

重大涉烟案件的违法者一般不是孤立的个人作案,特别是一起大的假烟网络案件,会涉及生产、供应、运输、分销和零售等多个环节,且参与的人员较多,其在从事卷烟违法经营活动时,总会留下蛛丝马迹。在已查获的卷烟违法案件中,通过涉案人员的交代或案件调查,往往会发现另外的案件线索,因此专卖人员要善于从已查获的个案中挖掘情报,为查获其他案件提供有价值的情报,确保以案找人,以人查线,以案破案。

在此环节中,案件的负责人要把案件的相关信息按照既定数据结构全部记录下来,交给情报中心工作人员上传到涉烟数据库中。对于以往案件,如果数据库中的信息不够完整、准确的。烟草专卖局应该安排专人,调出该案件的卷宗,充分的挖掘情报信息,增加数据库中的信息量。由于卷宗的信息量庞大,这里引入正则表达式获取关键字信息。

正则表达式在计算机科学中,是指一个用来描述或者匹配一系列符合某个句法规则的字符串的单个字符串。在很多文本编辑器或其他工具里,正则表达式通常被用来检索和/或替换那些符合某个模式的文本内容。正则表达式被各种文本编辑软件、类库（例如Rogue Wave的tools.h++）、脚本工具（像awk/grep/sed）广泛的支持，而且像Microsoft的Visual C++这种交互式IDE也开始支持它了。正则表达式是对字符串操作的一种逻辑公式，就是用事先定义好的一些特定字符及这些特定字符的组合，组成一个"规则字符串"，这个"规则字符串"用来表达对字符串的一种过滤逻辑。

给定一个正则表达式和另一个字符串，可以达到如下的目的：

（1）给定的字符串是否符合正则表达式的过滤逻辑（称作"匹配"）；

（2）可以通过正则表达式，从字符串中获取我们想要的特定部分。

在烟草卷宗中通常用清晰的涉案人员姓名、涉案时间、地点记录在案，通过正则表达式可获取指定的关键词句。举个例子，要获取卷宗中的姓名信息时，先将"姓名"转换成Unicode：\u59d3\u540d，则匹配"姓名"两个汉字的正则表达式为：/\x{59d3}\x{540d}/u。一个正则表达式，就是用某种模式去匹配一类字符串的一个公式。

4.3.2　从涉烟物流信息中采集情报

"互联网+"物流寄递售假模式，不同于传统的卷烟零售模式，不法烟贩通过互联网自媒体平台发布卷烟销售广告，有些甚至直接在互联网平台上明目张胆叫嚣自己卖的是"免税烟""厂家直供""抽的是烟而不是税"，称口感质感和市场上的一模一样，广告语写的五花八门。不法分子使用微信、QQ、陌陌等聊天工具联系货源上报订单，再通过支付宝、微信等第三方支付平台支付货款，最终使用物流快递等方式由货源地直接或代理收货后再发货给最终收件人。互联网售假模式，人货分离，难以人赃并获，且资金流、物流、信息流彼此分离，很难将信息相互关联。

因此，建立统一的物流快递信息查询平台，从收件、流转、派件整个过程对快递行业进行监管，对于打击涉烟案件来说刻不容缓。

有关部门要与当地各快递物流企业及其重点人员建立关系，充分调动物流快递从业人员的积极性和主动性。信息工作人员要发展情报信息的能力，增强信息收集的针对性、准确性、时效性。

物流寄递环节涉烟线索及查获的包裹，要建立台账，及时登记重要信息，具体做法如下。

（1）快递单号、揽件员、收件人、发件人姓名及联系电话等相关信息要及时登记，并对面单拍照保存。

（2）要把出现的手机号码关联对应的微信、QQ、支付宝、陌陌等互联网平台账号。

（3）要利用快递查询软件，将获取的单号上下排单后批量查询快递信息，检索是否有一同寄递的未知包裹或收件地址不同但发件信息相同的其他包裹，查询后将可疑运单一并登记备注。

在此基础上成立涉烟情报分析研判中心，建设"互联网+"物流寄递涉烟信息数据库。要汇集整个区域内采集的各类涉烟信息线索,接入烟草证件和案件信息。使之成为案件分析研判的基础库,为案件分析提供基础数据支撑。运用最先进的大数据可视化分析研判系统,分析汇集而来的各类数据。根据案件需求设定的分析条件将实时数据与海量历史数据进行关联,打通数据孤岛,打破区域隔阂,实现数据协同。帮助办案人员对海量数据进行分析研判,快速定位和提取涉烟犯罪线索,大幅节省办案人员研判工作量。实现让数据多跑路,办案人员少跑腿,提高对涉烟犯罪的打击效率和效果。

4.3.3 基于Web文本数据挖掘的涉烟情报采集

随着互联网的迅速发展,网络信息爆炸式增长,包含着各种各样的数据和资源,其中就有大量有用的涉烟情报信息。在互联网假烟案件日益猖獗的现状下,除了社会群众、稽查员与烟草公司提供的情报信息外,我们还需对Web网页的数据进行挖掘。Web数据挖掘是从万维网资源上抽取信息(或知识)的过程,是对Web资源中蕴涵的、未知的、有潜在应用价值的模式的提取。它反复使用多种数据挖掘算法从观测数据中确定模式或合理模型,是将数据挖掘技术和理论应用于对www资源进行挖掘的一个新兴的研究领域。

数据挖掘是面向发现的数据分析技术。通过对大型的数据集进行探查,可以发现有用的知识,从而为决策支持提供有力的依据。从理论上讲,数据挖掘的各种技术和理论都可以直接或间接地应用于Web信息挖掘,然而由于www资源的异质性、多样性、分布的广泛性,特别是网上数据的半结构化特点,导致了Web挖掘与普通大型数据库挖掘有很大不同。Web数据挖掘的基本原理如图4.1所示。

图4.1 Web数据挖掘基本原理

数据挖掘人员从Web资源上利用爬虫等技术爬取与涉烟打假案件有关的相关数据，成为目标数据集。并通过预处理方式从目标数据集中除去明显的错误和冗余的数据，进一步精减所选数据的有效部分，并将数据转换成为有效形式，以提供下一步的模式发现，模式发现是根据涉烟打假要求，选择合适的数据开采算法，选择合适的参数，寻求最优模型。模式分析是指对发现的模式模型进行解释和评估，必要时需要返回前面处理中的某些步骤以反复提取，最后将发现的模型和知识以内勤人员可以理解的方式提供给数据分析人员和数据管理人员，并试用之。

Web数据的主要特点是环境异构，即不同网页的结构形态不同，其信息组织方式也不同；数据源日新月异，网页内容也时刻在进行着消亡与更替，总体趋势是指数级增长；数据具有非结构化或者半结构化的特点，大部分以HTML文本、图片等形式存在，数据清洗难度大。因此，在这种信息化背景下应充分利用Web来提高涉烟情报的搜集效率，降低成本。如何基于网络来获取大量的涉烟情报信息是情报自动搜集工作的第一步。在基于Web的涉烟情报获取技术研究过程中，首先需要抓取URL，即采用广度优先策略，先抓取第一层结果，然后在第一层结果的基础上抓取第二层。实验表明：抓到第三层时就可以停止当前的关键字搜索，一般都会达到百万级别。接下来对Web页面进行抓取和分析，通过大量抓取实验，及时调整抓取策略，对页面进行前期预处理，DB存放去重后的URL以文本形式存放Web页面。在获取大量信息的基础上，可以进一步对情报信息进行加工、分类分析、判断、逻辑推理等，情报收集的框架如图4.2所示。

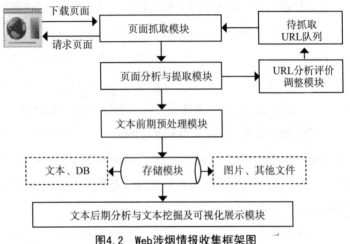

图4.2　Web涉烟情报收集框架图

1.Web数据挖掘关键技术

要想形成大量可供研究的涉烟情报信息，可以基于搜索引擎制定关键字网络爬虫和爬取策略，提取搜索引擎中所有与关键字相关的网络页面。提取到网络页面后，首先对Web页面进行预处理，剔除无用标签，对文本内容进行中文分词，最后，提取代表文本内容的关键字，为所要研究的问题构造大量的研究素材，主要关键技术如下。

（1）关键字网络爬虫。根据涉烟情报生成常用的关键字，并对这些关键字进行任意组合，组成关键字表。对每种组合都进行基于搜索引擎的网络爬虫获取。爬取过程中，对链接的合法性和重复性进行重点检查，将合法的链接存储到数据库，设置停止条件是已经重复或者已经抓到第三层。抓取策略如图4.3所示。

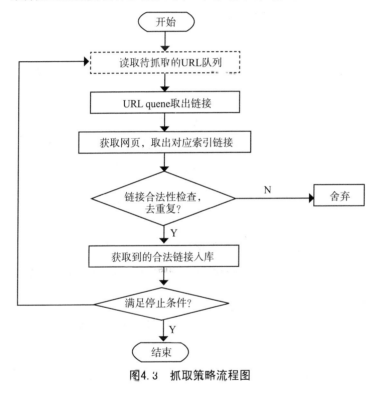

图4.3 抓取策略流程图

（2）中文分词。实现了关键字网络爬虫后，按照预设的抓取规则得到大量链接，就可以获取大量网页。得到网页原始内容后，基于正则表达式，进行内容预处理和信息抽取。首先对原始网页文本去标签，去掉网页中常用的<a></a>，<p></p>，<span></span>等标签信息，下一步就是进行中文分词。jieba被誉为最好的中文分词库，并被广泛使用。jieba提供三种分词方式，精确模式，分词基于词语出现最大概率且最好的形式，在文本分析中应用的比较多；全模式，也即最大可能的进行词语分割；搜索模式，在精确模式的基础之上，对长词进行再分割。

（3）Web网页主题词研究。分完词后，原始网页内容就变成了分割好的词的组合，基于每个分词文本，需提取出现频率大且可以代表Web文本内容的关键词。可以用TF-IDF算法来实现文本主题内容的提取，该算法的中心思想是如果一个词在单个文本中出现次数越多，而在文档集中其他文档又很少出现，越能代表该文档的主题内容，越具有很好的区分能力，并与其他文档区分开来。其中TF值是词频的计算，表示词语在单个文本中出现的频率，也即出现次数与分词总数的比值；IDF是逆文档频率，用总的文档数与出现该词文档数的比值来表示。例如总共有1 000万份文档，在单个文档D1文档中，假烟这个词语出现了10次，D1总共分成了1 000个词，整个文档集中包含假烟这个词的文档数是1 000，那么文档D1中假烟的TF值（10/1 000）与IDF值log（10 000 000/1 000）的乘积，即0.04就是假烟的TF-IDF值。在python语言中，首先导入scikit-learn开源包，其内置的TF-IDF算法就可以满足使用要求，提取每篇文档集中每篇文章的TF-IDF权值的Top10来代表其主题内容，同时计算关键词的TF-IDF值。

2.Web挖掘渠道

Web挖掘主要从以前几个渠道挖掘与涉烟案件的相关信息。

（1）网页资讯信息。它是指由门户网站（例如新浪、搜狐、腾讯等）、新闻传媒网站（例如人民日报下属人民网、中央电视台下属央视国际网等）、公司个体网站；这些网站上的信息区别于个人网站和社区，在于其信息的可靠性和真实性较高。涉烟案件的记录卷宗由于地域的限制只能保存本地犯案卷宗，而全国各个媒体所报道记载的案例能提供大量与烟草犯案人员、买卖假烟人员相关的信息，这些都是获得烟草价值情报的重要数据来源。

（2）个人博客。Web2.0时代博客作为平民个人信息传播的载体和意见表达的平台，通过搜集博客中的数据，能得到群众发现的却没有上报的涉烟线索，得到群众对烟草局、对打假的看法等许多相关信息。

（3）BBS社区论坛。社区和论坛因某个话题集聚着大量的网友，就某一事件和观点发表个人看法和分享信息的平台。针对烟草行业，用户极有可能在特定的BBS社区论坛进行假烟私烟的传播、买卖。通过搜集论坛和社区信息，对于掌握用户的假烟私烟传播及观点表达有非常重要的参考价值。

在基于Web挖掘的烟草情报收集中，完成的工作主要有以下几方面。

（1）实现了基于搜索引擎的关键字网络爬虫，制订了合理的爬取流程，可以基于整理好的烟草情报信息关键字表进行任意组合关键字的网络链接爬取入库，并基于Bloom Filter进行去重。

（2）对爬取到的Web网页内容，进行文本预处理，主要步骤是基于正则表达式剔除无用标签，对文本进行精确分词，用开源的TF-IDF算法来进行文本主题词获取，并计算文本的主题相关度。

(3)获得大量文档集且提取出每个文本的热词和主题相关度，为后续烟草情报分析研判提供大量数据。

4.4 传统涉烟情报收集与大数据方法的比较

在传统手段下，有关机关在侦查涉烟案件的过程中，单纯的通过人力和简单技术收集情报的手段往往导致情报资料收集的有限性。比如，侦查机关通常只会采用现场勘查、排队摸查、跟踪犯罪嫌疑人等手段获取情报。总体来说，侦查情报的获取手段存在数量有限及质量不高的特点。侦查情报获取手段单一直接导致侦查情报信息匮乏，在很大程度上阻碍了侦查机关全面及时高效的获取与违法犯罪相关的侦查情报，甚至由于侦查人员对案件信息掌握不周全以及在整个侦查博弈中所处的被动地位导致有用情报信息的错失从而延误了最佳侦查时机。

大数据背景下的情报信息不同于传统的侦查情报信息，信息化改变其利用方式，提高利用效率，使情报信息逐步的处于核心的地位，成为影响决策和行动的关键因素。通过对大数据这个"海量信息"平台的构建，能够为侦查情报的获取、收集、分析、处理等流程提供一系列的技术支持。从而主动为侦查破案和预防犯罪工作服务。通过大数据技术，可以将许多信息以直接客观的数字化形式展现出来，数字化形式的情报信息更容易使侦查人员理解和分析，避免了有情报数据但侦查人员无法很好利用的现象。

大数据使侦查情报的收集更加全面、准确、及时。从全面性来看，大数据技术对海量的数据进行收集和整合，随着获取情报信息途径的增多，进而分析出以往发现不了的情报。从准确性来看，由于情报来源途径不一，侦查人员在收集情报的过程中很难避免出现假的情报，一旦利用假情报，不但会误导侦查方向，还会对案件的侦查带来不可预估的损失，但通过大数据技术获得的情报信息往往存在在互联网这个网络载体上，应用技术方法进行分析后才会直观地将信息数据展现给侦查人员，在很大程度上保证了情报信息的准确性。从及时性来看，大数据系统高速运转和分析数据的特点能使各个地方各个种类的侦查情报通过互联网这个平台有效、及时地传达，从根本上保证了情报信息的时效性。

第5章　涉烟情报研判人员工作理论

通过上一章的信息采集，我们已经得到许多有用的情报信息，这些情报信息可通过支持决策系统帮助明确决策目标和进行问题的识别，建立或修改决策模型，提供各种备选方案，并且对各种方案进行评价和优选，通过人机交互功能进行分析、比较和判断，为正确的决策提供必要的支持。决策支持系统（Decision Support System，DSS），是以管理科学、运筹学、控制论、和行为科学为基础，以计算机技术、仿真技术和信息技术为手段，针对半结构化的决策问题，支持决策活动的具有智能作用的人机系统。

情报信息分析研判是指运用科学严谨的研究方法，对各种情报线索、零散脱节信息进行深度加工整理与关联，产生一个预测性或判定性结果的过程。其中，分析是研判的基础，研判是分析的升华。情报信息分析研判工作可以分为以下两种类型：一是运用分析研判来获取情报信息。即通过对大量零散、孤立的信息进行汇聚整合、关联碰撞和分析研究，以发现获取情报，是一个通过分析研判寻找目标的过程，具体包括挖掘发现战术情报和宏观分析产生战略情报。二是运用分析研判来评估已知情报信息。即对已获取的情报信息进行分析研判，辨别其真伪或评估其风险概率，是一个对已知目标评判修正的过程，具体包括对情报线索的真伪断定和风险评估。两者相互补充、相互循环。

作为情报信息工作中的核心环节和最大限度地发挥情报信息效益的关键环节，情报信息分析研判是提高公安机关维护社会稳定、驾驭社会治安局势能力的重要途径。随着情报信息主导警务战略的深入实施，分析研判工作已经成为各级公安民警的一项自觉行动，广泛应用于公安机关维护稳定打击犯罪工作的各项业务领域、各个流程环节。深入探索、熟练掌握情报信息分析研判的规律特点和方式方法，不断增强分析研判的科学性、实效性和针对性，对各级公安机关都是一项新的挑战。

事实上，情报研判工作就是围绕一个特定的工作目标或者需求，对已经掌握的大量信息数据进行梳理，挖掘数据之间的关联规律，并在分析整理数据的过程中提出新的数据需求，最终形成符合初衷的情报产品。其最终目的就是提示目标行为的动向和客观事实的发展趋势。缺少方法的流程，显得空洞乏味；缺少流程的方法，则显得杂乱无序。涉烟案件情报信息分析研判的方法主要分为传统常规分析研判方法和信息技术分析研判方法。这一章我们将会对这两种方法进行具体介绍。

5.1 传统常规分析研判方法

传统常规分析研判方法主要是指依靠人的思维分析能力和方

法来开展分析研判工作。

1. 逻辑推论

逻辑推论是通过对已知的涉烟情报信息中的苗头、迹象、动向等内容运用自身经验和已有的情报信息进行分析、推理和预测,判断出该烟草事件的性质、规模、发展趋势、发生地区和可能造成的危害等。如根据群众投诉的假烟品牌、假烟的特征等信息,合理推测该假烟的可能的制造窝点。

2. 综合统计

围绕烟草制造及售卖,对某个时期、某方面、某个领域的情况数据进行系统、全面、深入的分析研究和多层次、多方面归纳整理,寻找发现规律性、动向性的特征属性,做出综合的判断和预测。如针对已发生案件做出综合统计,根据已发生案件的时间、地区、涉案人员的籍贯、涉烟物品等进行综合统计分析,并根据这些分析,对未来该地区可能会有的涉烟违法事件做出预判。

3. 比较联系

围绕一定目标来源,将不同渠道、不同时期、不同角度、不同人员搜集的涉烟情报信息集中起来相互对比,以判断情报信息的准确程度,或发现涉烟违法事件的新特点、新动向。尤其在同一涉烟案件中,保证情报的真实可靠性和准确捕捉各情报信息之间的联系是重中之重。

4. 特征解析

对烟草情报信息的主要内容、涉烟案件的发展过程进行科学分类,逐一解码,通过确定其中每个案件的属性、特征以及各个案件相互间的联系和对应关系，研究其整体与局部、内部与外部之间的作用关系，以便找出涉烟案件的客观规律，做出科学判断。

目前，我国正处于社会转型、体制转轨、经济案件多样多发的时期，情报信息主导警务战略的发展已成为我国当前警务工作的战略重点和变革方向。在这种背景下，我国公安情报信息数量虽大幅增加，但由于当前公安机关在情报分析研判工作方面相对薄弱，传统的情报分析研判方法在一定程度上制约了公安机关处理涉烟案件工作的深入开展。

5.2 信息技术分析研判方法

5.2.1 信息技术分析研判方法介绍

大量信息的产生、交换和利用是现代社会事物运作的基础和标志。在当前社会主义市场经济的环境背景下，社会的开放度、透明度不断加大，互联网、手机等新兴媒介传播迅速、覆盖广泛，人、财、物大流动已成为社会常态，如何提高情报信息收集研判和预警引导能力，主动适应现代化、动态化、信息化的客观要求，做到下好先手棋、打好主动仗，已经成为一个迫切需要研究和解决的问题。

信息技术分析研判方法是指以烟草专卖的信息网络为依托，以人、案（事）件、物品、地址、组织、线索等为要素，全面汇集整合各类信息资源，分别建立相应的情报信息资源数据库群，引进高端数据分析和挖掘技术，设立相应的实战应用模型，通过相互的关联碰撞，挖掘出能够提示涉烟违法活动实际运行和变化发展方向的情报信息，提升分析研判工作的智能化水平。具体方法有以下几种。

（1）碰撞比对。将需要关注的人、物、案（事）件、组织的重要属性特征，与各类数据库中的信息资源进行一对一、一对多、多对一或多对多的关联碰撞比对，以满足在逃抓捕、高危预警、动态掌控等工作需要。

通过投诉、日常检查、已查获案件所得的涉烟案件信息已通过前面所述方法进行数据库的录入，大量的涉烟案件信息通过算法使数据库中的记录进行比对从而产生关联信息。例如熟知的涉及贩卖假烟的商店与商店的地段、租金、盈利情况都有关联，但可能仍存在其他影响因素，就可通过碰撞比对来获取。

（2）频率分析。将需要关注对象的某一具体要素特征发生出现的次数，进行多种方式的排序、筛选分析，以满足对重点人员、重点方面管控的需要。如警方可以通过比对不同地区在一段时间内出现涉烟案件的频率来确定重点监管地区。

（3）深度挖掘。通过建立相应的侦查工作模型，在孤立的、零散的海量信息中围绕犯罪活动构成要素，找出表面上看似没有关联事物之间的内在联系，以发现异常，揭示涉烟事件的原因和条件，为侦查工作提供依据。

（4）分词技术。分词技术是使用计算机自动对中文文本进行词语的切分，即像英文那样使得中文句子中的词之间有空格以标识。中文自动分词被认为是中文自然语言处理中的一个最基本的环节。它将非结构化的文本类情报线索按其重要属性特征分解成结构化的数据，以满足对同一类人员作案、同一特征案件信息自动识别归类，以及情报线索与海量数据等碰撞比对的需要。

（5）多维分析。通过对各数据仓库中的基础数据多角度、多侧面的观察、分析，实现各类要素之间的深度关联，提升准确预测和评估能力，以满足专题研判或综合研判的需要。

烟草情报分析研判旨在将不同的烟草情报归入不同的情报簇，并在需要的时候建立新的情报簇。这可以帮助烟草情报分析研判工作人员快速发现有用的情报信息，提出科学的决策意见，协助办案人员依法打击烟草违法犯罪活动。烟草情报信息产生速度快而且内容繁杂，这就要求烟草情报检测算法的复杂度要低，以适应在线处理的要求，同时检测的准确率和召回率要高，而漏检率和错检率要尽可能地低。

基于此，我们提出一种基于层次聚类的烟草情报检测算法，该算法利用烟草情报的特点，对层次聚类算法进行改进，并在检测过程中采用适当的策略以降低算法复杂度，能够满足在线检测的要求，并且能发现烟草情报的层次性，在检测性能上优于传统方法。在计算机处理文本数据前要先将文本信息转为计算机能处理的空间向量，接着进行特征选择和降维处理，将预处理后的数据送入聚类算法中进行聚类分析研判。

1. 理论基础——层次聚类

从本质上看，烟草情报信息检测分析等同于无指导的聚类研究，烟草情报检测分析系统无法预先知道该有多少情报簇、什么时候应该建立这些烟草情报簇。通常的聚类可以看作是基于全局信息的聚类，即在整个数据集合上进行聚类分析，烟草情报发现的质量与文本聚类算法本身的特性及其实际应用中的各种阈值设置是密切相关的。我们采用的聚类是层次聚类法。

层次聚类算法在聚类过程中考虑了所有类间的关系，具有全局性。在给定聚类约束条件下，其聚类结果是稳定的，也就是说聚类结构不依赖于文档的初始排列或输入次序。层次聚类方法具有聚类结果比较精细的优点。

层次聚类主要有两种方法：合并（自上而下）聚类和分裂（自下而上）聚类。我们的操作过程实际是合并聚类，聚类从树状图的最底层开始，每一次通过合并最相似（距离最近）的聚类形成上　层的聚类。整个过程当全部数据点都合并到一个聚类（根节点聚类）中时停止。分裂聚类则是从一个包含全部数据点的聚类（根）出发，然后把根节点聚类分裂成一些子类。每个子聚类再递归地往下分裂直到出现包含一个数据点的单节点聚类出现，即每个聚类中仅包含一个数据点。合并聚类方法比分裂聚类算法应用更为广泛。

2.基于层次聚类的烟草情报检测分析算法

（1）算法原理及应用改进。烟草情报的检测分析主要是面向实际应用的，由于每天采集的烟草情报数据非常多，为了在最短的时间内发现烟草情报，要求算法的处理速度一定要快同时还要保证比较高的准确率。综合以上分析，我们提出一种基于层次聚类的烟草情报检测分析方法，能够实现快速处理，时效性强且精度高。

（2）烟草情报特性。烟草情报包括以下两个特性：

1）数量特性。从烟草情报形成的角度讲，烟草情报必然包含一定数量的相关文档，若一定时间范围内某一情报信息只包含少量文档，则基本可以认为是很小的情报。定义此数量为情报存活量Topic-QTL（Topic-Quantity to Live），其含义为形成情报所必须包含的文档数量。

2）时间特性。从情报的发展过程讲，都有产生、发展、消亡的阶段，存在于一定的时间范围内，定义此时间范围为情报生命周期Topic-TTL（Topic-Time to Live），或称为情报存活期。情报一旦形成，就有了生命周期，若不断有新的文档加入到该情报中，则生命周期维持不变，否则减少，直至减为零时认为该话题消亡。

同时因为烟草数据涉及的时间、空间域跨度较大，为适应大规模的数据集，对基本的合并层次聚类算法做以下几点改进：

a.聚类过程限定数据集的总数，即设定n为常数，这样聚类时间就是固定的。

b.设定距离阈值d_threshold，每次合并时类间距离大于d_threshold的不再合并，这样可以减少运算次数以节省时间。

c.每次合并两个聚类的时候，如果这两类各自包含的文档数已经达到了Topic-QTL，则不合并这两类。其目的有两个：一是为了区分出烟草情报信息的层次性，因为这两类很可能代表了某个情报信息的不同阶段；二是为了降低错误风险，避免因为某个异常数据点而错误的将两个不相关的类合并。

改进后的聚类算法不用再到只有一个聚类时才终止，其最终的结果包含多个聚类，这些聚类或已形成情报簇，或尚未形成情报簇。

（3）算法流程。为了提高运算速度，同时减少算法所消耗的内存空间，算法采用话题滑动窗口w_topics和文档滑动窗口w_documents来保存情报和文档。窗口大小可根据每天大概采集的文档数量和产生的情报数量以及对系统资源的占用率来进行适当的调整。算法的示意图如图5.1所示。

基于层次聚类的烟草情报检测分析算法流程如下：

1）初始聚类。按时间先后顺序选择n篇文档，用上述层次聚类算法进行聚类，得到若干情报簇，情报保存在w_topics中，未形成情报的文档暂时保存在w_documents中。

2）顺序接受每一篇文档，计算文档与情报窗口中每个情报簇之间的距离，若满足预先设定的阈值，则将文档添加到该情报簇中，转至2执行。否则转至3执行。

3）如果w_documents未满，则将文档添加到w_documents，转至2执行。否则，转至4执行。

4）对w_documents中的所有文档作一次改进的层次聚类，如果未得到新的情报，则从w_documents中剔除参与聚类次数最多的文档转至2执行。否则，转至5执行。

5）如果w_topics未满，则将新得到的情报添加到w_topics中，否则，剔除Topic-TTL最短的情报再添加新的话题。转至2执行。

该算法可用于在线执行，若意外中断，则将所有情报和文档保存至数据库，以便下次使用。由图5.1可以看出，该算法实际上融合了增量聚类和层次聚类，兼具二者的优点。

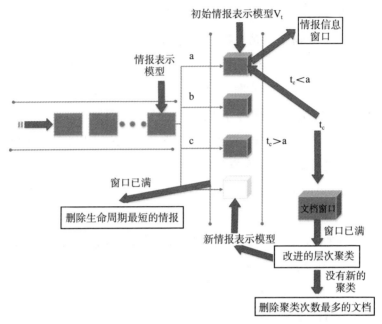

图5.1 基于层次聚类的网络烟草话题检测示意图

对每一篇到来的文档都能及时处理,或将其归入到某一情报簇,或存入到文档窗口中等待下一次聚类,等待的时间可以根据实际情况而定(文档到来速度快则时间短,否则时间可以稍长),一般可以保持较强的时效性;此外,改进的层次聚类算法保证了聚类结果的准确性,同时通过采用文档窗口和情报信息窗口也进一步减少了系统资源的占用,提高了算法的性能。

3.烟草情报研判的数据仓库

在详细分析烟草情报组成要素的基础上,利用数据仓库技术,建立烟草情报数据立方体模型,并应用该模型对网络烟草情报信息进行多角度、深层次的挖掘分析,预期可以取得良好的效果。互联网上产生的烟草情报信息很多，同一类型的话题可能在不同的时间段多次出现，分析这些历史数据可以帮助人们认清事物的本质、摸清其变化规律，因此具有重要意义。为有效分析烟草情报信息，我们利用数据仓库技术，构建网络烟草情报信息的数据立方体模型。

（1）数据仓库平台。数据仓库是一个面向主题的、集成的、时变的和非易失的数据集合，支持管理部门的决策过程。目前数据仓库技术主要运用于商业智能领域，目的是通过将大量与特定主题相关的随时间变化的数据聚集到多维数据模型中，利用在线联机分析处理OLAP（On-Line Analytical Processing）工具，分析当前和历史的业务数据，自动快速获取其中有用的趋势信息和决策信息，为企业提供及时、准确和方便的决策支持。同样，网络烟草情报分析也需要大量不同话题的、随时间不断变化的情报信息，分析归纳出其相关度量值，从而为网络烟草情报预警提供依据。

数据仓库中数据的逻辑组织形式是一种多维数据模型，这种模型将数据看作数据立方体形式。数据立方体允许从多维对数据建模和观察，它由维和事实定义。一般维是关于一个组织想要保存记录的透视图或实体。事实是数值度量的，用以分析维之间的关系。事实表包括事实的名称或度量，以及每个相关维表的码。

（2）网络涉烟情报数据立方体模型构建。建立网络烟草情报的数据仓库，最为关键的就是确定网络烟草情报数据立方体的维和度量。

经过综合分析，我们认为网络烟草情报数据立方体具有五个维：时间维（T），地点维（L），籍贯维（C），烟草品牌维（S）和物流维（Sub）；四个度量，分别是数量，关注度，热度和速度，如图5.2所示。

在涉烟情报信息数据立方体模型中，可以进行多种OLAP操作。典型的有如下四种：

1）上卷。通过沿一个维的概念分层向上攀升或者通过维规约，对数据立方体进行聚集。

2）下钻。下钻是上卷的逆操作，它由不太详细的数据到更加详细的数据。下钻可以通过沿维的概念分层向下或引入附加的维来实现。

3）切片。切片操作对给定立方体的一个维进行选择，生成一个子立方体。

4）切块。切块操作通过对两个或多个维执行选择，定义子立方体。

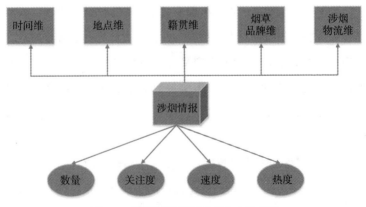

图5.2 网络烟草情报数据立方体模型

（3）网络烟草情报数据立方体度量值计算。网络烟草情报数据立方体度量值需要反映网络烟草情报的一些特征和变化规律，我们采用一些常用的网络烟草情报监测指标，这些指标均可在数据立方体模型的基础上通过某种运算得到。

1）热度。热度是网络涉烟情报信息监测中的重要目标，如何对得到的话题进行热度的度量是热点情报信息发现的一项独有工作，国内外在这方面的研究较少。热度并没有明确的定义，其确定有一定的主观因素，参考的因素不同，得到的最终结果也不相同。而对于利用计算机自动获得的热点情报信息，目前没有一个统一的评测标准。

BBS话题由于其表现形式的不同，其热度的表达也不同于新闻语料。文献[75]选取了话题的大小（即包含的帖子数）、精华帖子数、回复数、单位时间浏览数等四个因子对话题进行热度评分。各因子均经过归一化处理，其最终的热度评分表达式为

$$hotness(t) = size(t) + reply(t) + special(t) + browserPH(t)$$

在具体计算过程中，考虑到了一些特殊情况，如一些涉烟话题讨论时间很长，浏览数和回复数也不少，但是讨论的时间段不是当前的时间。这种处理使得最终的热度并不完全依赖于浏览数和回复数的多少。一个涉烟话题分别考察其是否为热点涉烟话题，计算复杂度必然较高。提出先计算全部话题的整体活性，在活性指标超过阈值时检查BBS上目前正在讨论的涉烟话题，则能够以较小的计算代价，提供接近实时性能的BBS涉烟话题发现功能，并综合考虑了话题数量即单位时间内到达BBS系统的帖子数量，讨论的热烈程度即回复帖子针对主题帖子的集中程度等因素。

经过综合分析在网络涉烟话题数据立方体模型中,热度实际上是以时间、传播途径、话题为维,以话题相关文档数量为度量的三维操作。考虑到时间的概念分层,在时间维上做上卷和下钻操作,还可以得到相关涉烟话题在日、周、月、年不同时间范围的热度。另外,若考虑到地点维,则还能得到相关涉烟话题在不同地点的热度。

2)传播速度。传播速度分析是分析涉烟话题受众的数量的变化速度。其实现技术是统计点击数或回复数的变化,即

$$s(t)=dn(t)/dt$$

其中,$s(t)$表示传播速度,$n(t)$表示点击数或回复数。实际计算中,采用差分代替求导。涉烟话题的传播速度越快,受影响人群迅速增多,则表明该涉烟话题具有越大的影响力。

3)传播阶段。对传播速度做进一步的分析,可以得到传播加速度,其含义为网络涉烟话题的传播阶段。计算表达式为

$$a(t)=ds(t)/dt$$

传播阶段分析就是识别涉烟内容传播所处的不同阶段。一般分成三个阶段:

a.若传播加速度$a(t)>0$,标志为新增受众数量不断增加,则判为扩散阶段;

b.若传播加速度$a(t)=0$,标志为新增受众数量基本稳定,则判为稳定阶段;

c.若传播加速度$a(t)<0$,标志为新增受众数量逐步减少,则判为消退阶段。

准确判断涉烟话题的传播阶段,可以帮助烟草情报中心决策

者把握动态,从而采取相应的措施。类似于涉烟内容受众购买该假烟倾向的传播速度,同样可以得到涉烟内容受众宣传该涉烟内容倾向的传播阶段。

4)关注度。话题关注度是指过去某一时间段内,涉烟话题被关注的程度,用与该涉烟话题相关的网页数进行衡量。关于某一个涉烟话题T的相关网页数随时间的变化可以用函数$f_S(t)$来表示,根据相关信息点的计算公式,得到在过去某一段时间$t_1 \sim t_2$内关于该涉烟话题S的关注度的计算表达式:

$$R_S(t_1, t_2) = f_S(t_2) - f_S(t_1)$$

具体的统计时间可以按天、周或月来统计,也可根据实际需要具体设定。关注度同样可以进行多维操作,例如选择地点和传播途径可以得到不同地点在某一种传播方式上网络涉烟话题的关注度,这有助于情报中心工作人员选择重点。

5.2.2 涉烟文本预处理

文本预处理主要是对互联网中爬取的涉烟文本数据进行处理。预处理的过程包括文档切分、文本分词、去停用词(包括标点、数字、单字和其他一些无意义的词)、文本特征提取、词频统计、文本向量化等操作。下面就这几方面做一个概括性的介绍。

1.文档切分

文档切分是否进行取决于获取到的文档集合的形式。如果得到的情报信息本身就是一篇一篇文章独立分开的,那么这一步就可以省略了。反之,如果信息文档是一个单一的文件,所有的信息都存储在这个文件中,我们就要将其中的文章提取出来单独存放在一个文件中,从而便于以后的操作。

一般来说,单一文件的文档集合中文章与文章之间都会使用一些标记来区分,比如用空行、特定符号,等等。

2.文本分词

文本分词是预处理过程中必不可少的一个操作,实践证明以词为特征表示文本效果最好。目前文本分词已经有很多比较成熟的算法和工具。文本分词包括两个主要步骤,第一个是词典的构造,第二个是分词算法的操作。词典的构造目前比较流行的有字典树即标准trie树,字典树的构造有很多方法,目前比较不错(节约空间和效率)的构造方法有双数组trie树等。

分词算法有简单的有复杂的,常见的主要有正向最大匹配、反向最大匹配、双向最大匹配、语言模型方法、最短路径算法,等等。

3.去停用词

汉语言中,能标识文本特性的往往是文本中的实词,如名词、动词、形容词等。而文本中的一些虚词,如感叹词、介词、连词等,对于标识文本的类别特性并没有贡献,也就是对确定文本类别没有意义的词。如果把这些对文本分类没有意义的虚词作为文本特征词,将会带来很大噪音,从而直接降低文本分类的效率和准确率。因此,在提取文本特征时,应首先考虑剔除这些对文本分类没有用处的虚词,比如说"这个""的""一二三四""我你他""012……9"等,那么这些词就应当从文本中清除掉。在实词中,名词和动词对于文本的类别特性的表现力最强,因此可以只提取文本中的名词和动词作为文本的一级特征词。

4.词频统计

词频是一个词在文档中出现的次数。词频也是构造文本空间向量模型的必要元素，如果一个单词在文本中出现的频率越高，那么这个单词就越有可能（暂不考虑反文档频率）表征这个文本。通过词频进行特征选择就是将词频小于某一阈值的词删除，从而降低特征空间的维数。这个方法是基于这样一个假设，即出现频率小的词对过滤的影响也较小。

文本数据中的中频词往往具有代表性，高频词区分能力较小，而低频词或者出现词也常常可以作为关键特征词。因此，词频是特征提取中必须考虑的重要因素，并且在不同方法中有不同的应用公式。

5.向量表示

烟草情报信息检测首先要解决文本表示的问题，即用什么模型描述文本文档不仅客观而且适合计算机处理。目前，具有代表性的文本表示模型有布尔模型（Boolean Model）、向量空间模型（Vector Space Model，VSM）、概率模型（Probabilistic Model）等。由于向量空间模型在处理大规模文本方面有很强的优势，它逐渐成为最简便、最高效的文本表示模型之一。给定一个文本$D=D(t_1, w_1; t_2, w_2; ...t_n, w_n)$，其中$t_k$表示各个特征项，每个特征项表示文本的一个维度，每个特征项都被赋予一个权重w_k，这时可以把$t_1, t_2, ..., t_n$看成一个n维的坐标系，而$w_1, w_2, ..., w_k$为相应的坐标值，因此一个文本就表示为n维空间的一个向量，我们称$D=D(t_1, w_1; t_2, w_2; ...t_n, w_n)$为文本$D$的向量表示或向量空间模型。

向量空间模型的最大优点在于把文本内容简化为特征与其权重的向量表示,把对文本内容的处理简化成向量空间的向量运算,使得问题的难度大大降低了。采用向量空间模型还有一些关键的技术特征选择、特征向量降维、权重计算。

6.特征降维

使用词来表示文档时,当文档数量较大时,表示文档的特征向量会达到数十万维的大小。如此高维的特征对于文档表示未必全是重要的、有益的,而且高维的特征会浪费大量的存储空间和运算时间,其取得的效果往往与小得多的特征得到的结果相差不大,因此在对文档表示时,适当地选择特征子集即降维是异常重要的。

目前的方法一般是构造一个评价函数,对特征集中的每个特征进行独立的评估,这样每个特征都获得一个评估分,然后对所有特征按照其评估分大小进行排序,选取预定数目的最佳特征作为结果的特征子集。一些已被采用的评估函数有信息增益(Information Gain)、期望交叉熵(Expected Cross Entropy)、互信息(Mutual Information)、文本证据权重(The Weight of Evidence for Text)、让步比(Odds Ratio)、词频(Word Frequency)等。

同类文档中必然有某些词会频繁出现,这些高频词体现了类间文档的共性,能很好地表征类,而且词频计算简单,因此我们选择词频对特征向量降维,即按照词频由大到小的顺序选择一定数量的词作为特征项来描述文档。

5.2.3 涉烟文本分类

文本分类在文本处理中是很重要的一个模块，它的应用也非常广泛。它和其他的分类没有本质的区别，核心方法为首先提取分类数据的特征，然后选择最优的匹配，从而分类。根据文本的特点，文本分类的流程为文本表示及特征提取，构造分类器和分类。

1.文本表示及特征提取

特征词条及其权值的选取称为目标样本的特征提取，特征提取算法的优劣将直接影响到系统的运行效果。我们常常采用基于统计的特征提取方法和基于语义的特征提取方法。

（1）基于统计的特征提取方法。这类型算法通过构造评估函数，对特征集合中的每个特征进行评估，并对每个特征打分，这样每个词语都获得一个评估值，又称为权值。然后将所有特征按权值大小排序，提取预定数目的最优特征作为提取结果的特征子集。显然，对于这类型算法，决定文本特征提取效果的主要因素是评估函数的质量。

词权重最为有效的实现方法就是TFxIDF，其中TF称为词频，用于计算该词描述文档内容的能力；IDF称为反文档频率，用于计算该词区分文档的能力。权值W_i一般定义为t_i在D中出现频率$tf_i(d)$的函数。而TFxIDF-weighting是著名的计算特征权重的方式，它考虑了特征在整个文本集中的频率n_i，它与第i个特征在第k文本中出现的绝对频率成正比，与出现在整个文本集中的频率成反比，正好符合了权重计算的准则，这一点我们在上一节

Web烟草情报挖掘中提到过,是Web烟草情报挖掘数据预处理的一个步骤。

实际应用时还可能在此基础上改进,比如可以对命名实体、烟草信息标题中的词和正文中的词赋以不同的权重。特征词在不同的标记符对中对文章内容的反映程度不同,其权重的计算方法也应不同。因此应该对处于网页不同位置的特征词分别赋予不同的系数,然后乘以特征词的词频,以提高文本表示的效果。我们采用词作为文档的特征项,对每一篇文档进行分词处理,得到其词空间,采用TFxIDF-weighting来计算每个特征词的权重。

(2)基于语境框架的文本特征提取方法。越来越多的现象表明,统计并不能完全取代语义分析。不考虑句子的含义和句子间的关系机械抽取,必然导致主题的准确率低,连贯性差,产生一系列问题,如主要内容缺失、指代词悬挂、文摘句过长等。因此,理想的自动主题提取模型应当将两种方法相结合。应当将语义分析融入统计算法,基本的方法仍然是"统计–抽取"模型,因为这一技术已经相对成熟并拥有丰富的研究成果。语境框架是一个三维的语义描述,把文本内容抽象为领域(静态范畴)、情景(动态描述)、背景(褒贬、参照等)三个框架。在语境框架的基础上,从语义分析入手,实现了4元组表示的领域提取算法、以领域句类为核心的情景提取算法和以对象语义立场网络图为基础的褒贬判断。该方法可以有效地处理语言中的褒贬倾向、同义、多义等现象,表现出较好的特征提取能力。

(3)基于本体论的文本提取方法。应用本体论(On-tology)模型可以有效地解决特定领域知识的描述问题。具体针对数字图像领域的文本特征提取,通过构建文本结构树,给出特征权值的计算公式。算法充分考虑特征词的位置以及相互之间关系的分析,利用特征词统领长度的概念和计算方法,能够更准确地进行特征词权值的计算和文本特征的提取。

(4)基于知网的概念特征提取方法。对于文本的处理,尤其是中文文本处理,字、词、短语等特征项是处理的主要对象。但是字、词、短语更多体现的是文档的词汇信息,而不是它的语义信息,因而无法准确表达文档的内容;大多数关于文本特征提取的研究方法只偏重考虑特征发生的概率和所处的位置,而缺乏语义方面的分析;向量空间模型最基本的假设是各个分量间正交,但作为分量的词汇间存在很大的相关性,无法满足模型的假设。基于概念特征的特征提取方法是在VSM的基础上,对文本进行部分语义分析,利用知网获取词汇的语义信息,将语义相同的词汇映射到同一概念,进行概念聚类,并将概念相同的词合并成同一词。用聚类得到的词作为文档向量的特征项,能够比普通词汇更加准确地表达文档内容,减少特征之间的相关性和同义现象。这样可以有效降低文档向量的维数,减少文档处理计算量,提高特征提取的精度和效率。

2.选择分类器

有这样一个数据库和一个具有不同特征的记录,这个数据库中的每个记录都被标记了一个特别的类,而分类就是通过分析这个数据库中的数据来为每个赋予特别类的记录做出精确地描述或建立一种分析模型,挖掘这种分析模型中的分类规则,然后利用这个分类规则来对其他具有和这个数据库相似的数据库中的记录进行分类。在分类分析中，人们发明出很多分类分析的挖掘算法，比较经典的有决策树法、神经网络法和贝叶斯算法。分类器总体来说可以分成如下两类：统计分类器和结构化分类器。统计分类器包括回归分类器、朴素贝叶斯和贝叶斯网络；结构化分类包括基于规则的分类器、基于距离的分类器、神经网。这里介绍几种基本的分类器。

（1）决策树分类器。提供一个属性集合，决策树通过在属性集的基础上做出一系列的决策，将数据分类。这个过程类似于通过一个植物的特征来辨认植物。可以应用这样的分类器来判定某人的信用程度，比如，一个决策树可能会断定"一个有家、拥有一辆价值在1.5万~2.3万美元之间的轿车、有两个孩子的人"拥有良好的信用。决策树生成器从一个"训练集"中生成决策树。SGI（Silicon Graphics）公司的数据挖掘工具MineSet所提供的可视化工具使用树图来显示决策树分类器的结构，在图中，每一个决策用树的一个节点来表示。图形化的表示方法可以帮助用户理解分类算法，提供对数据的有价值的观察视角。生成的分类器可用于对数据的分类。

（2）朴素贝叶斯概率模型。贝叶斯算法的主要思想是假设我们对研究对象数据有一定的认识，我们用先验概率分布来描述这种认识，然后用抽取的样本来完善这种认识得到后验概率分布，最后根据后验概率分布来建立函数。朴素贝叶斯分类是一种十分简单的分类算法，叫它朴素贝叶斯分类是因为这种方法的思想真的很朴素。举个例子，如果一种水果其具有红、圆、直径大概3英寸等特征，该水果可以被判定为是苹果。尽管这些特征相互依赖或者有些特征由其他特征决定，然而朴素贝叶斯分类器认为这些属性在判定该水果是否为苹果的概率分布上独立的。对于某些类型的概率模型，在监督式学习的样本集中能获取非常好的分类效果。在许多实际应用中，朴素贝叶斯模型参数估计使用最大似然估计方法；换而言之，在不用到贝叶斯概率或者任何贝叶斯模型的情况下，朴素贝叶斯模型也能奏效。

（3）证据分类器。证据分类器通过检查在给定一个属性的基础上某个特定的结果发生的可能性来对数据进行分类。比如，它可能做出判断，一个拥有一辆价值在1.5万~2.3万美元之间的轿车的人有70%的可能是信用良好的，而有30%的可能是信用很差。分类器在一个简单的概率模型的基础上，使用最大的概率值来对数据进行分类预测。与决策树分类器类似，生成器从训练集中生成证据分类器。MineSet的可视化工具使用证据图来显示分类器，证据图由一系列描述不同的概率值的饼图组成。证据图可以帮助用户理解分类算法，提供对数据的深入洞察，帮助用户回答像"如果……怎么样"一类的问题。同样可以用于对数据进行分类。

（4）训练分类器和模型评估。分类器的构造和实施大体会经过以下几个步骤：①选定样本（包含正样本和负样本），将所有样本分成训练样本和测试样本两部分。②在训练样本上执行分类器算法，生成分类模型。③在测试样本上执行分类模型，生成预测结果。⑤根据预测结果，计算必要的评估指标，评估分类模型的性能。

训练需要用到的工具opencv自带的一个工具opencv_haartraining.exe，该工具封装了haar特征提取以及adaboost分类器训练过程，同时用到了convert_casade.exe，用于合并各级分类器成为最终的xml文件。

有两种方法可以用于对分类器的错误率进行评估,它们都假定待预测记录和训练集取自同样的样本分布。

1)保留方法(Holdout):记录集中的一部分(通常是2/3)作为训练集,保留剩余的部分用作测试集。生成器使用2/3的数据来构造分类器,然后使用这个分类器来对测试集进行分类,得出的错误率就是评估错误率。虽然这种方法速度快,但由于仅使用2/3的数据来构造分类器,因此它没有充分利用所有的数据来进行学习。如果使用所有的数据,那么可能构造出更精确的分类器。

2)交叉纠错方法(Cross validation):数据集被分成k个没有交叉数据的子集,所有子集的大小大致相同。生成器训练和测试共k次;每一次,生成器使用去除一个子集的剩余数据作为训练集,然后在被去除的子集上进行测试。把所有得到的错误率的平均值作为评估错误率。交叉纠错法可以被重复多次(t),对于一个t次k分的交叉纠错法,$k \times t$个分类器被构造并被评估,这意味着交叉纠错法的时间是分类器构造时间的$k \times t$倍。增加重复的次数意味着运行时间的增长和错误率评估的改善。我们可以对k的值进行调整,将它减少到3或5,这样可以缩短运行时间。然而,减小训练集有可能使评估产生更大的偏差。通常Holdout评估方法被用在最初试验性的场合,或者多于5 000条记录的数据集;交叉纠错法被用于建立最终的分类器,或者很小的数据集。

5.2.4 涉烟违法情报关联及研判

经过从涉烟文本分类器分类得到的与烟草有关的文本数据是

涉烟违法情报关联及研判模块的输入。通过与涉烟案件数据库进行关联规则挖掘、对比串并、查询检索等方法，关联碰撞筛选出涉烟违法情报信息，通过设定相应的预警值，得到预警的涉烟违法情报信息。

1.关联分析

关联分析是基于关联规则的数据挖掘分析方法。关联分析的主要目的是挖掘隐藏在数据集中的相互关系，从中找到有用的依赖关系或关联关系的信息。

最著名的关联分析应用有沃尔玛的"啤酒与尿布"的关联分析。它的基本思路是A→B，A可解释为属性的集合，B可解释为属性的个体，关联规则就是A的属性集具有一种特性，那么B这个个体就具有了这种特性的可能性或者说未来趋势。关联分析在很多行业中都有着非常广泛的应用，例如在零售业中分析顾客购买A产品后又购买了B产品的机会是多少？这可以给零售商在配货、产品布局、和管理上有很大启示。又例如在机械工业中A部件发生故障导致B部件发生故障的概率是多少？这可以给机械维修与养护带来极大的方便。关联规则之所以被广泛应用，就是因为它可以在大量的数据集中发现一些人们想要知道的信息。在数据挖掘发展的过程中，关联分析方法的研究是最深的，人们提出了非常多的关联规则分析的挖掘算法，其中APRIORI算法是比较经典的算法之一。它的思想就是反复的扫描数据库，在第N次扫描之后创建一个长度为N的大项集LN，在下一次扫描时只研究大项集LN中N项集产生的长度为$N+1$的备选集LN+1。

任何事物身上都存在着矛盾的普遍性和特殊性。在涉烟情报研判活动中，既要研究共性问题，把握涉烟案件的规律性，又要研究个性问题，具体情况具体分析。关联分析法有利于多维地从不同角度探讨同一个问题，既利于多项相关因素的综合应用，又利于从宏观上把握问题，从而可减少情报研判中的片面性，排除假象，去伪存真，提高分析的准确性。同时，关联分析法也有助于从较少的信息中获取多量的和重要的情报，由此及彼，见微知著。

2.研判预警

烟草专卖局必须拥有比较灵敏的对烟草市场环境的洞察力，分析烟草市场形势的发展趋势，积极关注不同形式警情的趋势变化，快速准确进行警情定位，并获得最有效的处理方案。在以前的警情分析方法中，仅通过稽查员日常检查来观察市场变化不足以掌握对市场的监控，因此需要通过软件分析警情的变化趋势，及时预警和预测警情发展变化趋势，通过建立比较合适的预警值，密切关注不同的警情地域的变化趋势，如果发现预警值数据发生大的波动，及时发出报警提醒，使得烟草局能够提前做出反应，为进一步处理和预防案件争取宝贵时间。涉烟情报研判系统的建立能帮助有关部门完成从传统办案方式的案发犯罪之后的处理到通过情报研判分析预警发现犯罪的过程转变。

5.3 "互联网+"环境下的数据可视化

数据可视化，是关于数据视觉表现形式的科学技术研究。其中，这种数据的视觉表现形式被定义为，一种以某种概要形式抽提出来的信息，包括相应信息单位的各种属性和变量。

数据可视化是一个处于不断演变之中的概念，其边界在不断地扩大。主要指的是技术上较为高级的技术方法，而这些技术方法允许利用图形、图像处理、计算机视觉以及用户界面，通过表达、建模以及对立体、表面、属性以及动画的显示，对数据加以可视化解释。与立体建模之类的特殊技术方法相比，数据可视化所涵盖的技术方法要广泛得多。

数据可视化主要旨在借助于图形化手段，清晰有效地传达与沟通信息。但是，这并不意味着数据可视化就一定因为要实现其功能用途而令人感到枯燥乏味，或者是为了看上去绚丽多彩而显得极端复杂。为了有效地传达思想观念，美学形式与功能需要齐头并进，通过直观地传达关键的方面与特征，从而实现对于相当稀疏而又复杂的数据集的深入洞察。然而，设计人员往往并不能很好地把握设计与功能之间的平衡，从而创造出华而不实的数据可视化形式，无法达到其主要目的，也就是传达与沟通信息。

数据可视化与信息图形、信息可视化、科学可视化以及统计图形密切相关。当前，在研究、教学和开发领域，数据可视化乃是一个极为活跃而又关键的方面。"数据可视化"这条术语实现了成熟的科学可视化领域与较年轻的信息可视化领域的统一。

数据可视化技术包含以下几个基本概念：

（1）数据空间。它是由 n 维属性和 m 个元素组成的数据集所构成的多维信息空间。

（2）数据开发。它是指利用一定的算法和工具对数据进行定量的推演和计算。

（3）数据分析。它指对多维数据进行切片、块、旋转等动作剖析数据，从而能多角度多侧面观察数据。

（4）数据可视化。它是指将大型数据集中的数据以图形图像形式表示，并利用数据分析和开发工具发现其中未知信息的处理过程。

数据可视化已经提出了许多方法，这些方法根据其可视化的原理不同可以划分为基于几何的技术、面向像素技术、基于图标的技术、基于层次的技术、基于图像的技术和分布式技术，等等。

数据可视化技术的基本思想，是将数据库中每一个数据项作为单个图元元素表示，大量的数据集构成数据图像，同时将数据的各个属性值以多维数据的形式表示，可以从不同的维度观察数据，从而对数据进行更深入的观察和分析。

数据可视化与信息图形、信息可视化、科学可视化以及统计图形密切相关。当前，在研究、教学和开发领域，数据可视化乃是一个极为活跃而又关键的方面。"数据可视化"这条术语实现了成熟的科学可视化领域与较年轻的信息可视化领域的统一。

1.数据采集

数据采集（Data Acquisition，DAQ或Data Acquisition Station，DAS），又称为"数据获取"或"数据收集"，是指对现实世界进行采样，以便产生可供计算机处理的数据的过程。通常，数据采集过程之中包括为了获得所需信息，对于信号和波形进行采集并对它们加以处理的步骤。数据采集系统的组成元件当中包括用于将测量参数转换成为电信号的传感器，而这些电信号则是由数据采集硬件来负责获取的。

2.数据分析

数据分析是指为了提取有用信息和形成结论而对数据加以详细研究和概括总结的过程。数据分析与数据挖掘密切相关，但数据挖掘往往倾向于关注较大型的数据集,较少侧重于推理,且常常采用的是最初为另外一种不同目的而采集的数据。在统计学领域,有些人将数据分析划分为描述性统计分析、探索性数据分析以及验证性数据分析;其中,探索性数据分析侧重于在数据之中发现新的特征,而验证性数据分析则侧重于已有假设的证实或证伪。

数据分析的类型包括以下几种。

(1)探索性数据分析。它是指为了形成值得假设的检验而对数据进行分析的一种方法,是对传统统计学假设检验手段的补充。该方法由美国著名统计学家约翰·图基命名。

(2)定性数据分析。它又称为"定性资料分析""定性研究"或者"质性研究资料分析",是指对诸如词语、照片、观察结果之类的非数值型数据(或者说资料)的分析。

2010年后数据可视化工具基本以表格、图形(chart)、地图等可视化元素为主,数据可进行过滤、钻取、数据联动、跳转、高亮等分析手段做动态分析。

可视化工具可以提供多样的数据展现形式,多样的图形渲染形式,丰富的人机交互方式,支持商业逻辑的动态脚本引擎,等等。

不同于一般的Dashboard或者Reporting产品,永洪科技的BI前端是发现型的:交互手段丰富,分析功能强大。用户可以进一步与数据互动(Interactive)、过滤(Filter)、钻取(Drill)、刷取(Brush)、关联(Associate)、变换(Transform)等技术,让用户能够:掌握信息,发现问题,找到答案,并采取行动。

3.数据治理

数据治理涵盖为特定组织机构之数据创建协调一致的企业级

视图（enterprise view）所需的人员、过程和技术，数据治理旨在：

（1）增强决策制定过程中的一致性与信心。

（2）降低遭受监管罚款的风险。

（3）改善数据的安全性。

（4）最大限度地提高数据的创收潜力。

（5）指定信息质量责任。

4.数据管理

数据管理，又称为"数据资源管理"，包括所有与管理作为有价值资源的数据相关的学科领域。对于数据管理，国际数据管理协会DAMA（Data Management Association）所提出的正式定义是："数据资源管理是指用于正确管理企业或机构整个数据生命周期需求的体系架构、政策、规范和操作程序的制定和执行过程"。这项定义相当宽泛，涵盖了许多可能在技术上并不直接接触低层数据管理工作（如关系数据库管理）的职业。

5.数据挖掘

数据挖掘是指对大量数据加以分类整理并挑选出相关信息的过程。数据挖掘通常为商业智能组织和金融分析师所采用；不过，在科学领域，数据挖掘也越来越多地用于从现代实验与观察方法所产生的庞大数据集之中提取信息。

数据挖掘被描述为"从数据之中提取隐含的，先前未知的，潜在有用信息的非凡过程"，以及"从大型数据集或数据库之中提取有用信息的科学"。与企业资源规划相关的数据挖掘是指对大型交易数据集进行统计分析和逻辑分析，从中寻找可能有助于决策制定工作的模式的过程。

第6章　数据存储平台

数据库（Data Base）是按照数据结构来组织、存储和管理数据的建立在计算机存储设备上的仓库。

简单来说是本身可视为电子化的文件柜——存储电子文件的处所，用户可以对文件中的数据进行新增、截取、更新、删除等操作。

在经济管理的日常工作中，常常需要把某些相关的数据放进这样的"仓库"，并根据管理的需要进行相应的处理。

例如，企业或事业单位的人事部门常常要把本单位职工的基本情况（职工号、姓名、年龄、性别、籍贯、工资和简历等）存放在表中，这张表就可以看成是一个数据库。有了这个"数据仓库"我们就可以根据需要随时查询某职工的基本情况，也可以查询工资在某个范围内的职工人数等。这些工作如果都能在计算机上自动进行，那我们的人事管理就可以达到极高的水平。此外，在财务管理、仓库管理、生产管理中也需要建立众多的这种"数据库"，使其可以利用计算机实现财务、仓库、生产的自动化管理。

同样，对于烟草专卖稽查部门来说，将每个案件的基本情况（办案单位、案件号、查获时间、查获地点、当事人姓名和身份证号码等）存放在表中，当作一个数据库。有了这个"数据仓库"我们可以根据需要随时查询某些案件的基本情况，分析这些案件之间的关系，等等。这些工作在电脑上完成后，可更系统、直观的管理每个案件的信息，方便重要信息的提取。

如今，在信息化社会，充分有效地管理和利用信息资源，是进行科学研究和决策管理的前提条件。数据库技术是管理信息系统、办公自动化系统、决策支持系统等各类信息系统的核心部分，是进行科学研究和决策管理的重要技术手段。

6.1 数据库的发展阶段

6.1.1 人工管理阶段

20世纪50年代中期之前，计算机的软硬件均不完善。硬件存储设备只有磁带、卡片和纸带，软件方面还没有操作系统，当时的计算机主要用于科学计算。这个阶段由于还没有软件系统对数据进行管理，程序中不仅要规定数据的逻辑结构，还要设计其物理结构，包括存储结构、存取方法、输入输出方式等。当数据的物理组织或存储设备改变时，用户程序就必须重新编制。数据的组织面向应用，不同的计算程序之间不能共享数据，使得不同的应用之间存在大量的重复数据，很难维护应用程序之间数据的一致性。

这一阶段的主要特征可归纳为如下几点：

（1）数据无独立性。计算机中没有支持数据管理的软件，计算机系统不提供对用户数据的管理功能，应用程序只包含自己要用到的全部数据。用户编制程序，必须全面考虑好相关的数据，包括数据的定义、存储结构以及存取方法等。程序和数据是一个不可分割的整体。数据脱离了程序则无任何存在的价值，数据无独立性。

（2）数据不能共享。不同的程序均有各自的数据，这些数据对不同的程序通常是不相同的，不可共享；即使不同的程序使用了相同的一组数据，这些数据也不能共享，程序中仍然需要各自加入这组数据，哪个部分都不能省略。基于这种数据的不可共享性，必然导致程序与程序之间存在大量的重复数据，浪费存储空间。

（3）不能单独保存数据。在程序中要规定数据的逻辑结构和物理结构，数据与程序不独立。基于数据与程序是一个整体，数据只为本程序所使用，数据只有与相应的程序一起保存才有价值，否则毫无用处。因此，所有程序的数据不单独保存。数据处理的方式是按批处理。

6.1.2 文件系统阶段

文件系统阶段的主要标志是计算机中有了专门管理数据库的软件——操作系统（文件管理）。

20世纪50年代中期到20世纪60年代中期，计算机大容量直接存储设备如硬盘、磁鼓的出现，推动了软件技术的发展，软件的领域出现了操作系统和高级软件，操作系统中的文件系统是专门管理外存的数据管理软件,操作系统为用户使用文件提供了友好界面。操作系统的出现标志着数据管理步入一个新的阶段。在文件系统阶段,数据以文件为单位存储在外存,且由操作系统统一管理,文件是操作系统管理的重要资源。

文件系统阶段的数据管理具有以下2个特点:

(1)数据可以长期保存。数据以"文件"形式可长期保存在外部存储器的磁盘上。由于计算机的应用转向信息管理,因此对文件要进行大量的查询、修改和插入等操作。

(2)由文件系统管理数据。由专门的软件即文件系统进行数据处理,文件系统把数据组织称相互独立的数据文件,利用"按文件名访问,按记录进行存取"的管理技术,可以对文件进行修改、插入和删除的操作。文件系统实现了记录内的结构性,但整理无结构。程序和数据之间由文件系统提供存取方法进行转换,使应用程序与数据之间有了一定的独立性,使用者可以不必过多地考虑物理细节,将精力集中于算法。而且数据在存储上的改变不一定反映在程序上,大大节省了维护程序的工作量。

文件系统对计算机数据管理能力的提高虽然起了很大的作用,但随着数据管理规模的扩大,数据量急剧增加,文件系统显露出一些缺陷,问题表现在以下两方面。

1)数据共享性差,冗余度大。数据的组织仍然是面向程序,数据与程序的依赖性强,数据的逻辑结构不能方便地修改和扩充,数据逻辑结构的每一点微小改变都会影响到应用程序;而且文件之间缺乏联系,因而它们不能反映现实世界中事物之间的联系,加上操作系统不负责维护文件之间的联系,信息造成每个应用程序都有相对应的文件。如果文件之间有内容上的联系，那也只能由应用程序去处理，有可能同样的数据在多个文件中重复储存。这两者造成了大量的数据冗余。

2）数据独立性差。文件系统中的文件是为某一特定应用服务的，文件的逻辑结果对该应用程序来说是优化的，因此要想对现有的数据再增加一些新的应用会很困难，系统不容易扩充。

一旦数据的逻辑结构改变，必须修改应用程序，修改文件结构的定义。应用程序改用不同的高级语言编写，也将引起文件数据结构的改变。因此数据与程序之间仍缺乏独立性。可见文件系统仍然是一个不具有弹性的无结构数据集合，即文件之间是孤立的，不能反映现实世界事物之间的关系。

6.1.3 数据库系统阶段

20世纪60年代后期，随着计算机在数据管理领域的普遍应用，人们对数据管理技术提出了更高的要求：希望面向企业或部门，以数据为中心组织数据，减少数据的冗余，提供更高的数据共享能力，同时要求程序和数据具有较高的独立性，当数据的逻辑结构改变时，不涉及数据的物理结构，也不影响应用程序，以降低应用程序研制与维护的费用。数据库技术正是在这样一个应用需求的基础上发展起来的。

概括起来，数据库系统阶段的数据管理具有以下4个特点：

（1）采用数据模型表示复杂的数据结构。数据模型不仅描述数据本身的特征，还要描述数据之间的联系，这种联系通过所有存取路径。通过所有存储路径表示自然的数据联系是数据库与传统文件的根本区别。这样，数据不再面向特定的某个或多个应用，而是面对整个应用系统。如面向企业或部门，以数据为中心组织数据，形成综合性的数据库，为各应用共享。

（2）数据冗余度小，易共享。面对整个应用系统使得数据冗余小，易修改、易扩充，实现了数据贡献。不同的应用程序根据处理要求，从数据库中获取需要的数据，这样就减少了数据的重复存储，也便于增加新的数据结构，便于维护数据的一致性。

（3）数据安全性和独立性提高。对数据进行统一管理和控制，提高了数据的安全性、完整性以及并发控制。

程序和数据有较高的独立性。数据的逻辑结构与物理结构之间的差别可以很大，用户以简单的逻辑结构操作数据而无须考虑数据的物理结构。

（4）良好的用户接口。具有系统和用户之间进行交互和信息交换的媒介，它实现信息的内部形式可以接受形式之间的转换，用户可方便地开发和使用数据库。

从文件系统发展到数据库系统，这在信息领域中具有里程碑的意义。在文件系统阶段，人们在信息处理中关注的中心问题是系统功能的设计，因此程序设计占主导地位；而在数据库方式下，数据开始占据了中心位置，数据的结构设计成为信息系统首先关心的问题，而应用程序则以既定的数据结构为基础进行设计。

6.2 数据库的种类

6.2.1 层次式数据库

层次模型是出现较早的一种公认的数据库管理系统数据模型。

用树形结构表示实体及其联系的模型称为层次模型。在层次模型中,结点是实体,树枝是联系,从上到下是一对多(包括一对一)的联系。

层次模型按记录来存取数据。层次数据模型中最基本的数据关系是基本层次关系,它代表两个记录型之间一对多的关系,也叫作双亲子女关系(PCR)。层次模型是树状的。

层次模型结构的特点如下。

有且只有一个结点没有双亲结点,这个结点称为根结点。根以外的其他结点有且只有一个双亲结点。

在层次模型中,每个结点表示一个记录类型,记录(类型)之间的联系用结点之间的(有向边)表示。每个记录类型可包含若干个字段,记录类型描述的是实体,字段描述实体的属性。各个记录类型及其字段都必须命名。各个记录类型、同一记录类型中各个字段不能同名。每个记录类型可以定义一个排序字段,也称为码字段,如果定义该排序字段的值是唯一的,则它能唯一地表示一个记录值。

最著名、最典型的层次数据库系统是IBM公司的IMS(Information Management System)系统,这是IBM公司研制的最早的大型数据库系统程序产品。从20世纪60年代末产生起，如今已经发展到IMSV6，提供群集、N路数据共享、消息队列共享等先进特性的支持。这个具有近60年历史的数据库产品在如今的WWW应用连接、商务智能应用中扮演着新的角色。

6.2.2 网状式数据库

网状模型中节点间的联系不受层次限制，可以任意发生联系，因此它的结构是节点的连通图。

网状模型结构的特点：①有一个以上节点无父节点；②至少有一个节点有多于一个父节点。

网状模型是一种比层次模型更普遍型的结构。它去掉了层次模型的两个限制，允许多个节点没有双亲节点，允许节点有多个双亲节点。此外它还允许两个节点之间有多种联系（称之为复合联系）。因此，网状模型可以更直接的去描述现实世界。而层次模型实质上是网状模型的一个特例。

与层次模型一样，网状模型中每个节点表示一个记录类型（实体），每个记录类型可包含若干个字段（实体的属性），节点间的连线表示记录类型（实体）之间一对多的父子联系。

网状模型最典型的代表是DBTG（Database Task Group）系统，亦称CODASYL（Conference on Data Systems Languages）系统。它虽然不是实际的数据库系统软件，但是它提出的基本概念、方法和技术具有普遍意义。它对于网状数据库系统的研制和发展起了重大的影响。后来不少的系统都采用DBTG模型或简化的DBTG模型。例如，Honeywell公司的ID/2、HP公司的IGAME等。

6.2.3 关系式数据库

关系式数据结构把一些复杂的数据结构归结为简单的二元关系(即二维表格形式)。由关系数据结构组成的数据库系统被称为关系数据库系统。在关系数据库中,对数据的操作几乎全部建立在一个或多个关系表格上,通过对这些关系表格的分类、合并、连接或选取等运算来实现数据的管理。

关系模型结构如下:

(1)单一的数据结构——关系(表文件)。关系数据库的表采用二维表格来存储数据,是一种按行与列排列的具有相关信息的逻辑组,它类似于EXCEL工作表。一个数据库可以包含任意多个数据表。在用户看来,一个关系模型的逻辑结构是一张二维表,由行和列组成。这个二维表就叫关系,通俗地说,一个关系对应一张表。

(2)元组(记录)。表中的一行即为一个元组,或称为一条记录。

(3)属性(字段)。数据表中的每一列称为一个字段,表是由其包含的各种字段定义的,每个字段描述了它所含有的数据的意义,数据表的设计实际上就是对字段的设计。创建数据表时,为每个字段分配一个数据类型,定义它们的数据长度和其他属性。字段可以包含各种字符、数字、甚至图形。

(4)属性值。行和列的交叉位置表示某个属性值,如"数据库原理"就是课程名称的属性值

(5)主码。主码也称主键或主关键字,是表中用于唯一确

定一个元组的数据。关键字用来确保表中记录的唯一性，可以是一个字段或多个字段，常用作一个表的索引字段。每条记录的关键字都是不同的，因而可以唯一地标识一个记录，关键字也称为主关键字，或简称主键。如错误！未找到引用源。

（6）域。属性的取值范围。

（7）关系模式。关系的描述称为关系模式。对关系的描述，一般表示为：关系名（属性1，属性2……属性n）。例如上面的关系可描述为：课程（课程号、课程名称、学分、任课老师）。

关系型数据库受实体完整性、参照完整性、用户自定义完整性约束。

现今，关系数据库分为两类：一类是桌面数据库，例如Access、FoxPro和dBase等；另一类是客户/服务器数据库，例如SQL Server、Oracle和Sybase等。一般而言，桌面数据库用于小型的、单机的应用程序，它不需要网络和服务器，实现起来比较方便，但它只提供数据的存取功能。客户/服务器数据库主要适用于大型的、多用户的数据库管理系统，应用程序包括两部分：一部分驻留在客户机上，用于向用户显示信息及实现与用户的交互；另一部分驻留在服务器中，主要用来实现对数据库的操作和对数据的计算处理。

6.3 数据库的基本结构

数据库的基本结构分三个层次，反映了观察数据库的三种不同角度。

以内模式为框架所组成的数据库叫作物理数据库；以概念模

式为框架所组成的数据库叫概念数据库;以外模式为框架所组成的数据库叫用户数据库。

(1)物理数据层。它是数据库的最内层,是物理存储设备上实际存储的数据的集合。这些数据是原始数据,是用户加工的对象,由内部模式描述的指令操作处理的位串、字符和字组成。

(2)概念数据层。它是数据库的中间一层,是数据库的整体逻辑表示。指出了每个数据的逻辑定义及数据间的逻辑联系,是存贮记录的集合。它所涉及的是数据库所有对象的逻辑关系,而不是它们的物理情况,是数据库管理员概念下的数据库。

(3)用户数据层。它是用户所看到和使用的数据库,表示了一个或一些特定用户使用的数据集合,即逻辑记录的集合。

数据库不同层次之间的联系是通过映射进行转换的。

6.4 数据库的主要特点

数据库的主要特点如下。

(1)实现数据共享。数据共享包含所有用户可同时存取数据库中的数据,也包括用户可以用各种方式通过接口使用数据库,并提供数据共享。

(2)减少数据的冗余度。同文件系统相比,由于数据库实现了数据共享,从而避免了用户各自建立应用文件。减少了大量重复数据,减少了数据冗余,维护了数据的一致性。

(3)数据的独立性。数据的独立性包括逻辑独立性(数据库中数据库的逻辑结构和应用程序相互独立)和物理独立性(数据物理结构的变化不影响数据的逻辑结构)。

（4）数据实现集中控制。文件管理方式中，数据处于一种分散的状态，不同的用户或同一用户在不同处理中其文件之间毫无关系。利用数据库可对数据进行集中控制和管理，并通过数据模型表示各种数据的组织以及数据间的联系。

（5）数据一致性和可维护性，以确保数据的安全性和可靠性。这主要包括3种：①安全性控制：以防止数据丢失、错误更新和越权使用；②完整性控制：保证数据的正确性、有效性和相容性；③并发控制：使在同一时间周期内，允许对数据实现多路存取，又能防止用户之间的不正常交互作用。

（6）故障恢复。由数据库管理系统提供一套方法，可及时发现故障和修复故障，从而防止数据被破坏。数据库系统能尽快恢复数据库系统运行时出现的故障，可能是物理上或是逻辑上的错误。比如对系统的误操作造成的数据错误等。

第7章　"互联网+"环境下涉烟情报分析研判法律风险防控

　　法治烟草的建设进程伴随着国家国有企业体制改革的进一步深化。烟草行业作为一个特殊行业，只有将行业的特殊性与法制化的建设结合起来，努力构建法律风险防控体系，才可以积极应对外部环境压力，有效化解现实矛盾，为行业平稳健康发展提供动力支持和法制保障。烟草专卖执法作为烟草法治化建设的重要组成部分，构建其法律风险防控体系的工作，关键目的在于有目的地、有意识地通过计划、组织、控制等方式将专卖行政执法活动纳入到法制化的轨道上来，从而有效地避免和减少因专卖行政执法行为对企业带来的法律责任、社会舆论地位和企业成本控制等方面的影响，从而提升专卖执法水平，也是"责任烟草、诚信烟草、和谐烟草"的行业愿景的最基本价值要求。

　　我国《国家赔偿法》对侵权赔偿责任做出了明确规定，规定公民、法人或者其他组织的合法权益在受到行政机关或者行政机关执法人员做出的具体行政行为侵犯的时候，可以要求获得相应的赔偿。同时规定这种赔偿责任由做出不合理的行政行为的行政机关或该行政机关工作人员所在的行政机关赔偿。我国《行政许可法》第12条对行政许可的事项做出了明确界定，这也就为烟草专卖制度以及烟草专卖的行政许可制度提供了法律依据。同时，我国《行政处罚法》《行政复议法》规定了行政处罚的种类、行政处罚的实施机关、相应的实施程序以及救济方式。这些相关法律规定都为行政执法人员的执法行为提供了法律依据以及法律保障，利用国家法律的威慑力减少行政执法行为的风险。

烟草专卖行政执法同一般的行政执法是一样的，不仅具有烟草专卖行政执法的专业特性，也具有一般行政执法的共性。烟草专卖行政执法的风险防控应以烟草专卖有关行政执法的法律规范为基本依据，也应遵循行政执法的公共法律规范。只有这样，才能建立健全烟草专卖行政执法风险防控制度。因此，烟草专卖行政执法必须严格按照《行政许可法》规范烟草专卖行政许可行为；按照《行政处罚法》规范烟草专卖行政处罚行为；按照《行政强制法》规范烟草专卖行政强制行为；按照《行政诉讼法》规范烟草专卖的行政应诉行为；按照《国家赔偿法》规范烟草专卖的行政赔偿行为；按照《行政复议法》及《行政复议法实施条例》做好烟草专卖系统的行政复议工作。对行政违法构成犯罪的要按照《行政执法机关移送涉嫌犯罪案件的规定》移送司法机关，依法追究刑事责任。只有这样，既依照烟草专卖行政执法的法律规范，又遵循行政执法的公共法律规范来执法，才能更加有力地提高烟草专卖的行政执法水平，有效地防控烟草专卖行政执法风险。

涉烟案件情报的搜集和分析过程是一个重要又敏感的话题，尤其是搜集的过程，往往需要涉及合法性和合理性的问题。一般认为搜集过程和方式是否合法是竞争情报和侵犯商业秘密之间的本质区别。但是由于在道德和法律法规上的严谨性和搜集过程中的复杂性，在烟草行业的情报采集过程中可能会触及法律的红线，因此需要做出相应的法律风险防控，在对相关的法律条例上需要做出严格的理解和管控。

在搜集商业情报和秘密过程中，有内部途径和外部途径。内部途径包括操作研究、生产、销售策略的更订、技术研究；外部途径包括和上下游供货商的联系，了解用户需求，获取竞争对手的营销策略，市场调研分析以及法律政策的研究。竞争情报的开展涉及社会、经济、技术、管理等各方面的因素，应当遵守从宪法至民法、刑法等基本法，以及更具体的知识产权法、版权法、专利法、著作权法、保密法、商标法、反不当竞争法等部门法律法规。

目前，我国针对商业秘密的立法保护包括《刑法》第219条，《民事诉讼法》第66条，《反不当竞争法》第10条、第25条，《公司法》第62条，《促进科技成果转化法》第27条、第28条，《关于禁止侵犯商业秘密行为的若干规定（修正）》等。从大方面和小的细节上都做到了条条可控。

情报收集中涉及的公民隐私权有：《宪法》规定，第38条中华人民共和国公民的人格尊严不受侵犯。《民法通则》规定，第101条公民、法人享有名誉权，公民的人格尊严受法律保护，禁止用侮辱、诽谤等方式损害公民、法人的名誉，等等。

知识产权法是指因调整知识产权的归属、行使、管理和保护等活动中产生的社会关系的法律规范的总称。知识产权法的综合性和技术性特征十分明显，在知识产权法中，既有私法规范，也有公法规范；既有实体法规范，也有程序法规范。在烟草情报收集中，应该注意不要侵犯公民及企业知识产权，学习知识产权法的相关条目，减少或避免在情报收集中侵权行为的发生。

烟草行业需要大量的情报搜集，在面对搜集过程中产生的法律相关的不确定性时，必须严格遵守原则和底线。

针对西安烟草情报收集过程中涉及的法律风险，我们总结出以下三方面。

（1）传统法律收集中的法律风险。

（2）Web数据挖掘中的法律风险。

（3）烟草情报收集法律风险防控体系相关。

情报收集中涉及的法律风险如图7.1所示。

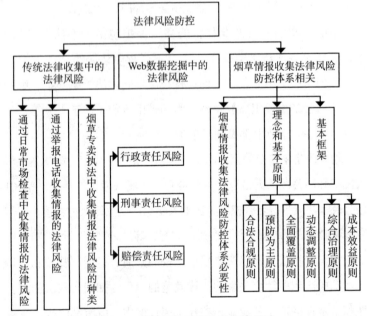

图7.1 情报收集中涉及的法律风险

7.1 传统法律收集中的法律风险防控

7.1.1 烟草专卖执法中收集情报的法律风险的种类

（1）行政责任风险。行政责任风险种类居多，简要列举以下四个问题：烟草专卖执法人员不依法行政、行政不作为或行政乱作为；行政执法行为不符合法定程序，行政执法程序存在瑕疵；执法人员在处理案件上适用法律不准确，对行政处罚自由裁量权的适用标准不准确；执法人员因不讲究工作方法、不注重个人言行等不规范执法行为而导致行政管理相对人的行政复议和诉讼等方面。以上列举行政责任风险种类中，执法人员的执法作为程度轻，尚未触及刑罚，但应受到系统内部党、政纪处分的风险，主要包括以下形式：（严重）警告、记过、降职撤销党内职务、留党察看、开除党籍等。

（2）刑事责任风险。刑事责任风险存在广泛，执法人员在执法过程中触犯《刑法》，承担刑事责任的风险。本文简要列举以下三个问题：执法人员索取收受他人财物，谋取个人利益；有案不立、瞒案压案、拆案并案或其他弄虚作假行为；执法方式、执法用语不当、应对突发情况处置不恰当，引发暴力抗法、群体性事件或被媒体曝光造成负面影响等工作纪律方面。对于执法人员而言，可能会承担一定的刑事责任，适用情况有以下几类：滥用职权罪、玩忽职守罪、非法搜查罪、贪污受贿罪等。

（3）赔偿责任风险。在《中华人民共和国国家赔偿法》和《烟草专卖行政处罚程序规定》内有关于承担赔偿责任的具体规定：行政机关及其工作人员在行使行政职权时侵犯他人人身权、财产权的，受害人有取得赔偿的权利。执法人员有故意或重大过失的，要承担部分或全部赔偿费用。本文简要列举以下两个问题：使用或者损毁涉案财物，对当事人造成损失的；违法实行检查措施或者执行措施，给公民人身或者财产造成损害的。执法人员应对造成的损失，给予行政管理相对人赔偿。

根据烟草情报信息采集途径的不同，我们分别分析了相应的法律风险。

7.1.2 通过举报电话收集情报的法律风险

举报案件的关键风险点表现为在接到投诉举报时，没有及时将投诉举报信息准确传递或者没有妥善处理相关信息，没有及时地对投诉做出调查处理。应当作为而不作为；在填写投诉举报记录时，因内容要素不完整、不准确，导致案件查处和取证困难；虚构举报记录用于冒领举报款。对不属于本部门处理的案件，经调查属实的投诉行为，或者发现被投诉者存在其他违法行为的，没有正当处理；没有把调查处理的结果及时地告诉投诉人以及上级部门。

7.1.3 通过日常市场检查中收集情报的法律风险

在日常市场检查中收集情报的法律风险主要包括，执法人员不出示执法证件就进行执法监督检查，造成误解；在执法监督检查的过程中，一名执法人员执法，没有达到法律规定的下限人数；不能依法及时地做出监督检查笔录；在做出当场的简易行政处罚规定的时候没有填写制式格式、没有当场把编有号码的行政处罚决定书交付给当事人，或者是在行政处罚决定书上没有对当事人的违法行为、罚款数额、时间、地点、行政处罚依据、以及行政机关的名称做出明确注释，或者没有执法人员的签名或盖章；询问笔录等监督检查文书上的记录不全面、存在错误或者没有当事人的签名等；存在法定事由应当回避的，执法人员没有回避；检查当事人的非经营性场所；执法人员遭受到以暴力、威胁等手段阻碍执法，或以煽动群众暴力抗法等群体性事件；其他违反相关法律法规的不合法行为。

7.2 基于Web数据挖掘的法律风险防控

依据《计算机信息网络国际联网安全保护管理办法》第6条规定："任何单位和个人不得从事下列危害计算机信息网络安全的活动：①未经允许，进入计算机信息网络或者使用计算机信息网络资源的；②未经允许，对计算机信息网络功能进行删除、修改或者增加的；③未经允许，对计算机信息网络中存储、处理或者传输的数据和应用程序进行删除、修改或者增加的；④故意制作、传播计算机病毒等破坏性程序的；⑤其他危害计算机信息网络安全的。"可见，恶意攻击服务器的行为显然属于危害计算机信息系统和网络国际联网安全的行为。同时，根据《计算机信息系统安全保护条例》第17条规定："公安机关对计算机信息系统安全保护工作行使下列监督职权：①监督、检查、指导计算机信息系统安全保护工作；②查处危害计算机信息系统安全的违法犯罪案件；③履行计算机信息系统安全保护工作的其他监督职责。

在Web信息挖掘收集情报的过程中，注意不要侵犯公民的隐私权，爬取相关信息之前数据挖掘人员要明确哪些数据是可以收集的，是合法的，哪些数据是侵权的，不能获取的。

7.3 构建烟草情报收集法律风险防控体系

7.3.1 构建烟草情报收集法律风险防控体系的必要性

随着依法治国的持续推进、控烟履约进程的不断加快，社会舆论监督的加强和公民法律维权意识的显著提升，加之烟草行业的特殊性，使得行业改革发展面临的压力和挑战不断增大，随之而来的法律事务也急剧增加。当前，烟草行业正处于改革发展的关键期，一旦发生法律纠纷，带来的不仅是经济损失，还有社会形象和声誉损害。构建法律风险防控体系，有效防范和化解法律风险，是维护行业和谐稳定发展的迫切需要，是烟草行业适应我国法制环境深刻变化的迫切要求，更是烟草行业运用法制思维和法制方式深化改革、推动发展、化解矛盾、维护稳定的必然选择。

7.3.2 理念和基本原则

理念和基本原则如下。

（1）合法合规原则。专卖执法法律风险防控体系构建应当坚持合法合规、审慎制定的基本原则，加强集中管理和风险控制。风险管理部门依据有关规定和职责，对相关的管理行为、流程和文件等内容进行合法性、程序性、严密性、适用性和风险性进行评价，并与法律、法规和准则相一致。

（2）预防为主原则。预防为主原则是指采取各种预防措施，对于专卖执法潜在的风险可能导致的严重后果和损失，以预防为主，从源头治理，做到"防患于未然"。

（3）全面覆盖原则。全面风险管理应实现事前、事中、事后防控的有机结合，要把风险防控要求贯穿于经营管理的各个层面、各个领域，覆盖到企业所有部门和所有人员，渗透到公司的经营决策、执行、监督和信息反馈等各个环节，确保不存在管理空白和漏洞。

（4）动态调整原则。法律风险本身是一个动态的系统，随着法律环境的不断变化，新的风险种类、性质和表现形式不断出现，法律风险的影响范围和发生的可能性也在发生变化，从而影响法律风险的排序。因此，法律风险的控制应当是不断变动、动态更新的。应建立定期评估、调整更新的机制。

（5）综合治理原则。通过多职能部门协调参与联合执法，将烟草专卖品的市场管理工作由单家行动变成多部门联合行动共同对抗涉烟违法犯罪行为，不仅执法成本大大降低，而且从一定程度上实现执法成效的增加和行政执法风险的降低。

（6）成本效益原则。企业开展全面风险管理工作的过程中，要认真评价开展风险管理的成本和收益，紧紧围绕容易发生风险的重要领域和关键环节，以重大风险、重大事件和重要业务流程为重点，实现成本效益的有机统一。

7.3.3 基本框架

烟草专卖执法法律风险预防体系的构建主要以风险预防为

主，重点梳理执法流程和法律风险信息搜集，最终建立一套科学、有效、合理的风险防控体系。

（1）专卖执法法律风险防控体系构建的基础。

1）提升法律风险防控意识。各部门努力将法律法规学习和相关制度培训常态化、标准化、科学化，增强依法行政、依法生产经营、依法管理的理念，营造良好的专卖执法科学文明的法治氛围，建立一支依法行政、遵纪守法、纪律严明的专卖执法队伍。

2）细化风险信息分析，建立风险信息库。法制部门应加强对专卖执法各个流程中法律风险信息的梳理分析，科学指导依法行政、法治建设。在专卖执法、案件审理等环节的各个重点领域和重点内容上，全面覆盖法律风险防控，进一步提升各项工作的管理水平，为行业专卖执法实现依法行政、依法治企提供坚实的法制保障。

3）梳理风险信息点，开展风险评估。专卖部门对于执法过程的各个环节中可能引发的法律风险点进行归纳梳理，及时开展风险评估和预警提示，根据行业内部环境和外部情况，结合发展战略，提供相应的解决办法和应急处理预案，完善风险防控措施，使得专卖执法部门及其执法人员心中有法，防患于未然。

（2）专卖执法法律风险防控体系构建的核心。

1）健全机制约束，规范执法程序的有效运行。着力完善行政办理的各项工作机制，明确环节分工，细化岗位职责，落实责任人员，做到设置合理、流程清楚、责任清晰、科学规范；强化目标管理和责任考核，创新管理服务模式，减少不必要的中间环节,提高行政管理效能;按照法律法规、规章制度严格执法程序,规范执法手段措施;规范执法人员言行举止、行为规范,做到文明执法、严格执法。

2)强化集体研究,实现执法行为的科学规范。建立健全重大案件的决策制度,把法律专家咨询、执法风险评估、合理性审查、集体重点讨论等程序作为重点案件的必经程序,不断推进案件办理的科学化、民主化、法制化和规范化,切实做到依法行政、科学规范、依法治企。

3)强化责任考核,提升执法人员的依法行政。坚持以人为本,抓好执法人员素质提升和责任约束;开展立法为民、执政为公的思想教育活动;依法开展形式多样、丰富多彩的法律知识培训活动;进一步落实细化行政执法责任制,确定执法岗位,分析执法细则,严密执法程序,细化执法标准;建立错案追究制度,追究执法人员的法律责任。

(3)专卖执法法律风险防控体系构建的保障。

1)建立行政执法责任追究制度。构建市、区/县两级的行政执法责任体系,规范行政执法责任追究,依法推进行政执法责任,促进依法行政,坚持"有权必有责、用权受监督"的执法理念,深化落实行政执法责任制,健全执法监督考核制度,完善执法监督考核程序,充分发挥行政执法监察、案卷质量评查、廉政监督机制等监督方式的作用。

2)建立符合烟草行业特点的法律顾问制度。针对烟草专卖执法过程可能出现的问题,法律顾问可以从专业的层面为行政执法提供建议和咨询,内部法律顾问和外部法律顾问相结合,取长补短,优势互补。向基层单位派驻法律顾问,为基层执法单位提供专业的法律保障。

3)完善烟草专卖执法与司法衔接机制。基层专卖执法部门在执法过程中由于受到各种因素的制约,行政执法和刑事司法衔接工作仍存在合作不协调、体制不规范等问题,直接影响到对卷烟市场秩序和职务犯罪的打击力度和打击效果。因此,进一步完善烟草专卖执法与司法衔接机制,合理配置执法资源,为烟草行业的健康可持续发展创造良好的法制环境。

烟草专卖执法中收集涉烟情报的法律风险防控体系的构建工作是一项长期性的工作,任重而道远,也是一项行业内部的基础工作,是行业健康稳定发展的基石。它需要各个职能部门、各级执法部门的共同努力和不懈探索,构建专卖执法法律风险防控体系的根本目的就是坚持依法治国、依法治企的管理理念,构建法治烟草,确保行政执法各项工作的顺利实施;也只有坚持依法行政、依法治企,才可以将各种风险降到最低,从而维护行业的健康可持续发展。

第8章 "互联网+"环境下相关行业涉烟情报研判实例

西安烟草情报中心的建立，需要参考其他省份涉烟情报分析研判的一些案例，还应该借鉴如工商、公安部门利用网上情报办案的一些典型案例。为此，我们总结了八个典型的案例，分别是重庆烟草分析研判的案例、工商部门针对网上广告监管案例以及公安部门利用情报信息侦破汽车盗窃的案例等，希望对西安烟草情报分析研判工作带来一些启示以及可借鉴的地方。

8.1 工商部门利用互联网情报解决广告监管案例

2013年起，互联网广告案件数量和监测数量连续"双超半"，互联网广告已经成为广告监管执法的重点。上海市市场监督管理局2016年查处广告案件2 670件，罚款金额8 836万元，互联网广告案件1 682件，占案件总数的63%，罚款金额4 771万元，占总金额的54%，互联网广告案件数同比增长了64%，罚款金额增长126%。我们的结论是：互联网广告监管将是我们查处广告案件的重点，市场科分流的广告案源办理也是广告监管工作做得好坏的关键。

工商的执法原则：事实清楚、证据确凿、程序合法、定性准确、处罚恰当。工商执法证据的采集与采信过程如图8.1所示。

图8.1 工商执法证据的采集与采信

广告违法案件中，要注意证据的合法性、真实性、完整性。防止在调查结束时仍不能完整地说清楚本案中的广告主、广告经营者、广告发布者，有的证据不一致。

下面我们以上海威奔广告有限公司发布违法广告（新微博个人账号发布的广告），工商部门办案经过为例，作为工商部门利用网上情报信息办案的典型案例。

案情还原：

（1）2012年4月28日，罗磊在新浪微博上注册"沪上阿飞"微博账号。

（2）2012年5月4日，开始小偷微博营销计划准备工作。

（3）2012年5月7日，"沪上阿飞"微博口碑事件营销炒作正式启动。

（4）2012年5月7日，威奔公司通过网络红人开始大范围推行小偷微博事件营销，经过网络红人的转发，"沪上阿飞"微博迅速引起大众关注。

办案经过：

（1）工商相关部门指派专人观察微博情况，收集相关情报信息，及时向办案人员反馈情况。

（2）定主体。通过IP地址查找微博账号信息。IP地址：122.226.145.18，61.164.140.135。

（3）定性质。发现电脑资料，初步认定属于商业广告活动（微博小偷五一活动策划案）。

（4）调取青橙公司与威奔员工的QQ聊天记录。

（5）案件调查。微博内容实样已删除（微博已经被新浪删除，发布的违法内容难以取证）。

（6）定证据。调取电脑资料，确认委托关系，包括新闻服务、微博服务、论坛服务、SNS服务、Q&A服务等内容。

（7）行政处罚决定。根据《中华人民共和国广告法》，第七条："广告内容应当有利于人民的身心健康，促进商品和服务质量的提高，保护消费者的合法权益，遵守社会公德和职业道德，维护国家的尊严和利益。（五）妨碍社会公共秩序和违背社会良好风尚。特作出以下行政处罚决定：对青橙公司的行政处罚：罚款人民币五万肆仟玖佰圆整。对威奔公司的行政处罚：一、没收广告费用人民币壹万叁仟柒佰贰拾伍圆整；二、罚款人民币五万肆仟贰佰圆整。"

通过上述案例我们可以清楚地看到，工商执法部门通过网络寻找线索，通过IP地址定位，调取违法双方的QQ聊天记录，调取电脑资料，确认委托关系，从而成功破案。

8.2 大数据在打击涉烟犯罪中的应用

经过一年的尝试，"天网专班"在市局领导的支持下采取走出去了解其他省市的先进理念，与相关情报警种总结刑事侦查技术与烟草稽查业务相结合，针对"互联网+"的必要条件，结合物流、寄递行业特点。大面积运用虚拟身份的碰撞，支付信息交易对端，银行资金流向，网络充值通信工具，话单基站登录对比，快递面单痕迹比对。

一是在重庆警方支持下，着力社会关系网络分析，社会网络分析是一组研究行动者关系的方法。一组行动者可以是人、社区、群体、组织、籍贯等，由他们的关系模式反映出的现象或数据是网络分析的特点，找出制假售假的网络圈群关系。

二是在市局专卖处的支持下建立了福建泉州、厦门、江西南昌、湖南长沙、浙江杭州、陕西西安、河北石家庄、河南郑州、云南昆明的物流分拣场地活动的稽查力量的联防联运的网络，并在上述单位大量获取在物流渠道发现的各种烟草专卖制品信息，结合情报分析理论对在途物流进行梳理碰撞，反向查找本地线索，积极协调邮政、公安控制点部，集结外线力量组织进行布控，调查，取证，打击等工作，积极对外推送研究结果共同扩大战果。

重庆烟草情报中心运用大数据打击涉烟犯罪的关键技术主要是：

快速建模：从不同的角度进行建模，帮助分析人员建立网络、时间、空间和统计等多个视图。

自动布局：提供网络布局、层次布局、分组布局、环形布局、时间序列布局等多种布局方式。

可视化分析：拥有可视化查询、链接分析、路径分析、群集分析、社会网络分析等分析算法和分析工具。

数据集成：集成不同的源数据，基于语义网来创建实体。

搜索和发现：围绕语义网来搜索和发现结果和关系。

算法引擎：对于通用领域问题，提供了通用算法来发现趋势。

以可视交互界面为基础，综合图形学、数据挖掘和人机交互技术，将感知和认知能力可视方式融入处理过程，进行信息交流和知识提炼，完成分析推理和决策。

综合利用与各个案件相关的各类信息进行图形化展现和分析，形成完整数据链和分析图表。查找任意两个对象之间的数据链、资金流向、交易路径等。分析资金流、物流、信息流等，是否存在回路。分析是否存在可能的群组，构成相对比较紧密的团伙，并计算其团伙强度，确定下一步的行动计划。

运用可视化算法，计算中心地位、重要度、活跃度，分析复杂的交易网络、发现权利的来源和分布（谁认识谁？谁与谁做业务？谁有最大的权利？）。

大数据将使犯罪侦查模式发生根本性变革。大数据驱动的侦查模式是时代的必然选择，这不仅在于复杂的犯罪态势及其数据化生态，更在于大数据技术使得这种选择成为现实。在大数据时代，侦查要确立在线开放的理念、数据主导侦查理念、相关性理念、线上破案与线下证明相结合的理念。大数据驱动的侦查是一体性侦查、全景侦查、预测侦查和算法侦查。其机制主要有犯罪监控机制、犯罪侦破机制、犯罪预测机制。以下这个案例就是重庆烟草利用涉烟大数据打击烟草违法犯罪的典型案例。

典型案例：

该涉烟案例于2016年3月19日获取数据，2016年4月11日成功实施抓捕，查获涉案假烟1 900余条，实物案值32万元。本案例的成功在于利用分析工具实施数据模型找到经营户的节点，从数据库搜索以后及时发现嫌疑人的支付信息，并及时调取支付情况，发现大量充值手机。话单分析技术，结合支付宝、虚拟身份分析技术，结合时间、空间、快递、购买物品分析、行为逻辑分析、涉案物品分析。并从数据的角度审视涉烟犯罪。充分利用相关技术警种离线侦查多种手段，对涉烟地域性方言技术警种无法从内部突破来打破瓶颈，合理结合了基站的地理信息比对IP轨迹，总结规律，从话单对单分析来货物流，根据获取到的所有充值电话在物流场实时控制，再从物流分拣场控制下交接发现节点总结规律，视频侦查根据规律寻找实施犯罪路径，再次总结规律，制定外线布控突破方案，实施突破以后寻找契机控制下实施密搜，掌握仓库数量。完成该轮情报作业以后与内侦总结对象犯罪节点，控制物流节奏，以最小的武力实施精准打击。

在"互联网+"的时代，涉烟犯罪不断发生变化，涉烟违法犯罪分子在不断总结被打击的经验，不断改变涉烟犯罪手法，而烟草专卖体制如果依然是传统办案方式，不仅仅是造成税收流失，无法打击涉烟犯罪，影响国家利益、消费者利益，并且会动摇国家烟草专卖体制。

大数据驱动的侦查模式是时代的必然选择，这不仅在于复杂的犯罪态势及其数据化生态，更在于大数据技术使得这种选择成为现实。重庆烟草局运用大数据打击涉烟犯罪对于我们西安烟草局情报分析研判工作有很强的借鉴意义，我们可以吸收重庆方面的经验，形成具有西安特色的"'互联网+'时代运用大数据打击涉烟犯罪"。

8.3 利用大数据打击电信诈骗

作为新型高发网络犯罪，电信网络诈骗方式不断更新，利用技术手段，设计各种场景，研析人性弱点，且参与其中的犯罪分子是"非接触性"的，不仅与被骗人非接触，连犯罪分子之间往往也都是非接触的，最终形成一条完整的黑色产业链。近10年来，我国电信诈骗案件每年以20%～30%的速度高速增长，2015年全国公安机关共立电信诈骗案件59万起，同比上升32.5%，共造成经济损失222亿元。全国接到诈骗信息的人数高达4.38亿人，占人口总数的32%，相当于每三个人中就有一个人受到诈骗信息的"骚扰"。超过30%的增长速度，以及超过三分之一的人被骚扰，可谓是骗子年年有，近年尤其多。公众及媒体近期对大学生被骗案的关注，不仅因为多起极端夺命"奖学金"，更是希望借此成为打击电信诈骗的新契机。根据《腾讯2016年第二季度反电信网络诈骗大数据报告》披露的数据，2016年第二季度，全国共接用户标记超4.6亿条，环比上季度增加了1.8亿条。收到诈骗短信人数3亿人，骗子们一个季度拨出诈骗电话18.8亿次，环比上季度增长了88%，骗子比第一季度明显更加活跃。

第二季度4月份，根据腾讯守护者计划后台收到的举报统计，出现一种新型的诈骗手法：骗子以赠送免费物品为由，引导用户通过电话下单，以货到付款的形式邮寄，若用户拒绝签收快递或者退货，诈骗者便以公检法的口吻对用户进行威胁恐吓，从而进行诈骗。"升级换代"版冒充公检法的电信诈骗让人防不胜防，稍不留意就会中招。免费赠送物品为假，冒充公检法诈骗为真。

从"你涉嫌洗黑钱"到"你涉嫌非法集资"再到"你信用透支需负刑事责任"等，冒充公检法诈骗的噱头变化多端。根据腾讯安全云的检测，冒充公检法的诈骗方式又再次更新升级。

据悉，有网民小张接到了内容为"赠送免费物品（多为千元手机或苹果手机）"的信息，并要求小张绑定相应套餐，在取得他的同意后，对方引导其通过电话下单，并告知将以货到付款的形式把奖品进行邮寄。然而在快递送货时，小张发觉事有蹊跷，立刻选择了拒签快递。网民小张本以为事情到此为止了，却不料又收到了自称"广州法院"的短信，恐吓其"属于恶意订购行为,情节严重,将扣除违约金并做相关行政处罚"。不光如此,据腾讯安全云检测,该类诈骗短信还会以"冻结银行卡""冻结养老医疗保险"对用户进行威胁,甚至对其家人进行恐吓,这仍然属于冒充公检法的电信诈骗。此类新型诈骗是"你涉嫌非法集资"等冒充公检法诈骗的"升级版",因其具有相对完整的故事性,更容易迷惑大众,使网民上当受骗。根据腾讯手机管家数据显示:2016年上半年,该类型诈骗案件影响人数整体呈逐月上升态势,平均每月影响人数在1.5万~1.7万。

财务类仿冒公检法诈骗,转走公账1.17亿元。2015年12月20日,贵州黔南都匀市经济开发区建设局财务主管兼出纳杨某,先后接到自称"农业银行总行法务部人员唐勇"和"上海松江公安分局何群警官"的电话,称其在上海办理的信用卡有问题,需要对其掌握的账号进行清查,并向其发送一份电子传真《协查通报》。在"上海警官何群"的诱导下,杨某又与自称"郭俊华队长"的人多次通话和发送短信,之后自称"孙检察官"和"杨检察长"的人又频繁联系杨某。

对方要求杨某按照他们的指示入住酒店,通过电脑登录至虚假的"最高人民检察院"网站,并让杨某看到对方特意制作的虚假"电子通缉令"。于此,杨某深信不疑,并按照对方的指令点击下载相关软件,插入自己持有的单位资金U盾,配合对方执行所谓的"清查"程序,直至1.17亿元资金被转走。

经查实"12.29"特大诈骗案件,是一起由台湾犯罪嫌疑人操作并在国内统一招募话务人员的跨境诈骗案件。犯罪嫌疑人赴非洲国家乌干达搭建话务窝点,冒充我国"公检法"机关工作人员，利用非法渠道获取公民个人信息，通过国际透传线路、改号软件和远程操控等技术手段来实施诈骗。

经过十多年的运营，电信诈骗犯罪分子早已形成紧密的犯罪链条，诈骗团伙中有专人负责研究骗术，他们紧跟社会热点，针对不同群体量身定做，编写诈骗剧本，并对拨打诈骗电话的话务员等人进行培训，对受害人步步设套。犯罪分子从最初的打电话、发短信，发展到网络改号作案。有的假冒领导、亲戚、朋友，有的假冒企业单位，有的冒充执法机关。

目前，主要诈骗手法有冒充公检法、"猜猜我是谁"、QQ、冒充黑社会性质组织敲诈、机票改签、中奖、重金求子、网络购物、银行账户被他人冒用、将账户内的钱转到"安全账户"等48种诈骗手法，并且还在不断变化中。

电信网络诈骗发展迅猛，危害人民的切身利益。不仅个人财产受到威胁，由网络诈骗衍生的"黑色产业"发展之猖獗，已经升级到扰乱社会秩序的层面。然而，经常被人们忽视的问题是：面对信息诈骗选择沉默之时，实际上是对信息诈骗犯罪的"纵容"。

打击电信网络诈骗，是一场大数据的竞赛。"快速地抓捕骗子，除了警方的全力出击外，还需要网民的出手。从接到骗子的第一条诈骗信息开始，就将骗子进行标记或识别，大大助力维护网络安全。这一场数据的竞赛，需要大家的参与，就不会输给骗子。"原公安部反诈骗刑侦专家金大志表示，网民的积极举报将是打击新型网络犯罪的核心力量。日前，腾讯联合反电信网络诈骗产业各方推出了"守护者计划"，并以"三步走"的节奏推进反电信网络诈骗工作：腾讯基于技术和大数据，联合业内专家建立反电信网络诈骗平台，推动反诈骗研究和技术孵化工作；基于开放的大数据和智能反诈骗产品推动产业链合作，建立全场景防御体系；配合公安部等主管部门推动由政府主导的协作体系，将反诈骗生态推进"最后一公里"。

作为这一计划中的重要落地措施，腾讯利用大数据和反诈骗特征库研发的"麒麟伪基站实时检测系统"（以下简称"麒麟系统"）正在成为打击电信诈骗的一大利器，而且直指电信诈骗的源头"伪基站"。

所谓"伪基站"即通过一定的设备伪装成运营商的基站，能够搜取以其为中心、一定半径范围内的手机卡信息，冒用他人手机号码强行向用户手机发送诈骗、广告推销等短信息。伪基站能把发送号码显示为任意号码，包括10086、甚至110都可以，使手机用户误以为真的是官方机构发送的短信。

麒麟系统帮助警方抓捕伪基站犯罪分子的步骤如下：首先，腾讯手机管家用户收到伪基站发来的诈骗短信后，会进行迅速拦截；第二，当大量用户在同一区域举报该短信后，该区域就会在地图上变成红点；第三，警方通过登录麒麟系统即可看到伪基站分布地图，并派民警现场盘查和抓捕。

以前抓伪基站最难的地方在于其流动性，等警方接到受害者报案赶到的时候骗子早跑了！而这套基于大数据和机器学习的"麒麟"系统，通过云端的机器学习模型识别网址、电话等信息，找出恶意的网址和欺诈电话，并结合LBS定位信息，能实现对正在发布欺诈信息的伪基站50米内的精准定位。

自从这套系统向各地公安机关开放试用以来，北京刑侦总队在3周时间内就侦破72起诈骗案件，抓获107名犯罪嫌疑人，缴获77套伪基站设备。深圳刑侦局在为期90天的打击整治涉伪基站违法犯罪专项行动中，共打掉涉伪基站犯罪团伙13个，抓获犯罪嫌疑人110人，缴获伪基站59套，降低伪基站诈骗发案率八成。

目前公安部正在推动将麒麟系统部署到全国公安系统，以帮助打击"伪基站"等违法电信诈骗活动。

利用大数据打击电信诈骗与利用大数据打击涉烟违法犯罪有着很多相似之处，西安烟草情报分析研判工作可以借鉴利用大数据打击电信诈骗的可取之处，对今后的研判工作产生一些有用的启示，服务西安烟草情报分析研判工作。

8.4 大数据破案，利用数据库侦查出新证据

2015年2月10日，江苏省淮安市中级人民法院就凌爱仁涉嫌受贿一案做出终审判决，驳回了凌爱仁的上诉，维持一审判决：被告人凌爱仁犯受贿罪，判处有期徒刑十年零六个月，并处没收财产5万元，追缴全部犯罪所得。

举报信，群众的力量。2013年10月，一封神秘举报信投到了江苏省盱眙县检察院的举报信箱内，举报已调任县委统战部部长的凌爱仁在担任盱眙县铁佛镇党委书记、人大主席期间贪污受贿的问题。举报信中的线索十分清晰，列举了凌爱仁贪污受贿的具体时间和地点。

"虽然信上涉及的受贿金额不是很多，但字里行间，我们能捕捉到一些重要信息：凌爱仁在铁佛镇工作期间插手房地产建设

开发工程,与铁佛班子人事变动也有关系。"盱眙县检察院反贪局局长丁祖高说道。

案情就是命令,盱眙县检察院迅速组织干警进行初查,随着调查的逐渐深入,办案干警发现了凌爱仁的"原则":"提钱办事"!凡是钱能说了算的就由钱说了算,不论是房地产开发还是官员提拔,都要给钱,否则一切都是梦幻泡影。

出示证据,灭嚣张气焰。在凌爱仁调任盱眙县统战部长之前,他长期担任该县铁佛镇党委领导职务,在盱眙县的关系网庞大。自己被举报的消息很快就传到了他的耳朵里,因此他恶补了法律知识,准备与检察院进行对抗。2013年11月27日,凌爱仁到案后,气焰十分嚣张,讯问陷入僵局。看此情形,想让凌爱仁自己说些什么出来实在是太难了,于是该院将承办该案的干警重新组合分配。一组干警负责向凌爱仁宣传当前的形势政策及法律规定,深刻分析当前的反腐形势,表明该院的反腐决心,劝其积极配合检察机关的调查;另一组干警则负责调查取证,获取最直接的证据,直接打压其嚣张气焰。

凌爱仁在铁佛镇报账的原始凭证被调取,这一份份原始凭证直接撞击了他的心。当这些材料摆在他面前时,他已心存恐惧,额头上滑落了豆大的汗珠。此刻,他表示愿意配合检察机关调查。

数据库,侦查好帮手。"我院一直坚持建立大数据库,大数据库不仅有工商登记信息、公安人口管理信息、车辆信息管理、房产登记信息、金融机构信息等,还包括手机通话、短信、电子邮件、微信、QQ、关系圈、特殊技能、脾气性格、衣着打扮、航班记录、住宿记录、社交媒体和聊天记录、GPS定位轨迹、信用等各类信息。这些信息不仅有利于案件侦查，也有利于加强线索管理。"盱眙县检察院检察长潘建文介绍道。

随着对凌爱仁讯问的一步步深入，办案干警利用该院已建立的大数据库，迅速查明了凌爱仁的房产、金融资产、车辆、往来人群等各类信息，还通过以往案件查办过程中收集的行贿线索，及时询问了相关证人，这些强有力的数据，为顺利侦破凌爱仁案件做足了准备。

在对凌爱仁进行讯问的第一天，该院干警便通过大数据库查出与其交往的人员信息，发现在铁佛镇从事房地产开发项目的张总、李总存在行贿嫌疑，办案干警便找到他们予以核实询问，得到的回答并未出乎意料，所得回答不过是印证了凌爱仁确属贪腐之人罢了。除了房地产领域的受贿外，他在官员提拔上也有污点，王秦便是因升迁而向其行贿者之一。当这些零散的证词抛向他时，凌爱仁说他自己都没想到检察机关查案速度能如此之快，这都是自己任铁佛镇党委书记、人大主席期间的陈年往事了，他自己都惊讶不已。至此，在大数据库的帮助下，其腐败的冰山一角终于被揭开。

王秦本是一名普通办事员，但他一直在凌爱仁身边工作，深知凌爱仁的行事准则。对王秦来说，从普通办事员到乡镇副科级是一个坎，从副乡长到副书记又是一个坎，如何迈过这个坎，王秦知道自己应该怎么做。他先后多次行贿，最多的一次向凌爱仁行贿了5万元。他因此获得了凌爱仁的赏识，并得到他的推荐，如愿以偿地当上了副书记。他因此专门发短信感谢凌爱仁，他绝对想不到自己发的短信竟能被技术人员恢复,面对自己发送的短信,他承认了自己曾向凌爱仁行贿的事实。

少说点,法网亦难逃。凌爱仁在盱眙县委任统战部长,与政法系统人员有过接触,对法律有所了解,认为其进入看守所后,其他犯罪事实就不会被发现。侦查人员利用这一心理,采取以证到供的战术,通过积极调查相关行贿人,再提审凌爱仁的方法进行突破。

盱眙县检察院立案后,通过技术恢复,将凌爱仁在工作期间,与多名房地产老板、下属之间存在不正当经济往来一一恢复,当那些熟悉的短信呈现在凌爱仁眼前时,他彻底崩溃了:"我一直以为坦白从宽,牢底坐穿,抗拒从严,回家过年,没有想到检察机关能将我和他们的短信恢复,把我以前犯下的罪过呈现出来了,我真没有想到……"在铁的证据面前,他终于肯认罪服法了:"我很后悔以前犯下的错误,我一直以为,供述得少点,你们就查不到,没想到这些都被你们查到了。"

2014年2月23日,该案侦查终结并移送审查起诉。起诉书指控,犯罪嫌疑人凌爱仁在担任盱眙县铁佛镇书记、人大主席期间,利用职务便利,为他人谋取利益,收受贿赂25万元。2014年10月6日,盱眙县法院开庭审理此案,同年10月16日,凌爱仁被判处有期徒刑十年零六个月,并处没收财产5万元,追缴全部犯罪所得。凌爱仁不服该判决,遂提出上诉。当他得知自己的终审判决时,眼中充满了无助,抱怨道:"如果不是贪慕权位,自己把握不住自己,按照政策这时我已经退居二线,可以在家颐养天年、含饴弄孙,可现在什么都没了。"

此案是典型的运用大数据打击贪污腐败案件，属于公安机关打击违法犯罪的范畴，对于烟草涉烟犯罪而言，有一定的借鉴意义，在审理案件取证的过程中以及情报分析研判中，充分利用大数据，这些大数据包含工商登记信息、公安人口管理信息、车辆信息管理、房产登记信息、金融机构信息等，还包括手机通话、短信、电子邮件、微信、QQ、关系圈，等等。

8.5 大数据夯实平安黔西南

为了深入贯彻习近平总书记关于加强和创新社会治理的重要指示精神，认真贯彻全国社会治安综合治理创新工作会议精神，进一步提升全省社会治安综合治理创新工作，2017年1月4日，贵州省社会治安综合治理创新工作现场观摩会在黔西南州举行，按照会议安排，来自全省政法综治部门负责人组成观摩团，实地观摩了黔西南州大数据防控打击研判处置中心、大数据新型农村综治警务中心、大数据山地旅游警务中心、大数据客运安防警务兴义市客运东站。

1.大数据客运安防警务兴义市客运东站

观摩现场：两个青年男子急匆匆背着行李从x光安检扫描口闯过，联动指挥室的报警器立即响起，屏幕上出现黄色预警。"喂，请马上查明闯关男子的身份信息。"两个荷枪实弹的武装人员出现在指挥室大屏幕上。不到1分钟，指挥室接到回复，"报告指挥长，是两个误点的乘客。"

兴义市客运东站是黔西南州全面启动大数据客运安防（反恐防恐）警务的试点站、经验推广站。主要做法是建立实施了

"561"运行模式。"5"即五道防线,一是武装巡守防线。在车站外围广场设置特巡警岗亭,实行24小时定点值勤和流动巡逻,有效防范和处置各类突发案事件。二是身份验证防线。严格落实实名制购票,通过"平安风险实时防控系统"对持证购票人员进行身份验证和自动比对,通过"公安综合信息平台"对无证购票人员进行人像比对和身份核查;三是安检拦截防线。严格落实进站安检,通过核查人票证一致性、X光机安检扫描行李物品、人像识别系统自动采集比对三条措施,严防可疑人员、违禁物品进站上车;四是智能监测防线,通过视频监控、设置红外线围栏与自动报警装置,对可疑遗留物品和人员快速移动进行自动识别并发出预警;通过4G网络,车载视频与监控平台连接,实现车内动态可视化监控,遇突发情况驾驶人通过车载报警装置一键报警;五是群防群治防线。将车站内外68家商铺业主发展为治安志愿者,统一佩戴红袖章、配发钢叉等安防器械参与治安维护,在每家商铺安装一键式报警装置与指挥室连接,有效预防和快速处置各类案事件。"6"即24小时值班、每日例会、动态研判、平安共商、应急处置、督导检查六项机制。"1"即一个可视化、扁平化、智能化联动指挥平台。

2.大数据防控打击研判处置中心

州公安局大数据防控打击研判处置中心(演示厅)位于万峰林国际会议中心。主要做法是整合公安机关多系统基础数据,通过对数据价值进行深度挖掘、比对碰撞、分析研判,让数据不仅成为有效打击各类违法犯罪的重要手段,同时为加强队伍管理、化解执法风险、破解治理难题提供科技支撑。中心集成了六大系统（平台）：一是在全省率先建成的反诈骗工作平台，通过公安、运营商、银行、群众四方联动，实现了源头防控、劝阻拦截、快速止付、串并打击等反诈骗工作目标；二是自主研发的平安风险实时防控系统，在全州汽车站、火车站、机场、加油站、物流寄递业、机关企事业单位、学校、医院、小区物管等部位安装使用，实现了数据采集社会化、风险防控自动化；三是深度运用视频侦查作战平台，提升了图像信息联网、视图检索处理、人像比对、车辆侦查、合成作战的能力；四是全面应用"地网"安防系统，对管理对象进行数字化管理、风险感知预警；五是搭建警情数据应用平台，对全州警情数据进行归口管理、精准研判，有效发挥了警情数据"晴雨表"的预警功能；六是在全省率先建成数据督察中心，依托天网、地网、信访系统，对执法办案场所、警用枪车、信访投诉、服务大厅等易发涉警风险的部位和环节进行可视化、智能化监测，有效提升了执法服务规范化管理的效能。

黔东南州委副书记、州委政法委书记杨昌鹏：黔西南州的社会治安综合治理工作，紧跟时代步伐，聚焦综治重点，以创新的思维，用大数据的手段，实行了社会治安综合治理和各项工作的全面升级，刷新了社会治安工作的高度。第一是大数据实行了社会治理的大升级，通过大数据，从观摩中明显感觉到黔西南州的整个社会治理工作，尤其是当前焦点、难点、重点的治理工作实现了全面升级，从反诈骗中心相应的工作，就感受到这一点；第二是大数据实现了风险防控的大升级，当今社会风险很多，黔西南州利用大数据手段，用最先进的技术，同各方面的运用，使现在的风险防控能够在第一时间知道,能够在第一时间掌握,可以说大数据让耳朵、眼睛成了顺风耳、千里眼,看得见每一个地方、每一个角落蕴藏着的风险;第三是大数据实现了侦查同研判的大升级,现在的风险防控同处理,侦查研判是第一位的,从刚才的观摩中,明显地感受到这一点是非常突出的,短短的时间,通过大数据运用,就能够全面、准确、迅速的对一个案件实行准确侦查研判,迅速破案;第四是大数据实现了警务建设的大升级,特别是数据普查中心,让整个民警的执法、服务工作都在阳光之下、数据之中,用这些提升了整个政法队伍同社会治理的能力和水平,赢得了群众的高度评价;第五是大数据实现了处置同打击能力的大升级,不管任何地方发生什么事情,都能够第一时间聚集各方力量,进行有效、有序的处置,大数据建设黔东南州也在抓紧推进,但是觉得和黔西南州还存在一定差距,回去后,学习好黔西南州的经验,进一步做好黔东南州的大数据运用工作,进一步提升社会治安综合治理水平。

3.大数据山地旅游警务中心

观摩现场:在20米宽的大屏幕上,全州主要景点尽收眼前,实时监控平台,各景区的客流量在不停变化。突然,在国家级4A级风景区马岭合峡谷的铁索桥上,有一名手拿相机的游客边走边上桥。"喂,在012号危险桥上,有游客上桥了。"接到指令的值勤警察,迅速出现在屏幕上,不到一分钟,已走在桥中段的游客被劝离。

为保驾护航大山地旅游发展战略,我州全面启动了山地旅游警务,在万峰林景区西南入口建立了大数据山地旅游警务中心。主要做法是建立实施了"1+7"运行模式。"1"即自上而下建立了覆盖州、县、4A景区、旅游示范村的旅游警察支队、大队、中队和旅游警务室、执勤点,形成了一套满足实战需求的旅游警务人力保障体系;"7"即是全面推行旅游警务标识标牌规范化、内务勤务规范化、指挥调度扁平化、巡逻防控网格化、预警监测智能化、接警服务一体化、治安管理多元化"七化"建设。警务中心汇聚了全州所有景区景点的视频监控资源,对进入各景区景点游客人数和身份信息、车辆数量及车牌信息进行自动采集汇总、智能分析研判,遇有重点人或敏感地区车辆进入景区景点、景区景点游客人数达到警戒值,指挥平台就会自动报警提示处置,有效防控景区景点各类安全风险,及时防止各类案件或景区拥挤踩踏等事故发生;警务中心依托视频监控系统、无线指挥系统、警用地理系统,实现对各景区景点安保力量的点对点、可视化、扁平化指挥调度,及时按需调整警力部署,快速处置各类风险苗头或案事件。

黔东南州政府党组成员、州公安局局长吴智贤:黔西南公安机关紧紧围绕"五大"发展理念,强化"四个"意识,用警务工作支撑省委省政府部署的大扶贫大旅游发展战略,借力大数据,在警力无增长的情况下,做到了为全省公安机关助力脱贫攻坚做出可以复制的经验。

8.6 《涉车案件实战研判系统》的侦破思路和方法

视频侦查、恐怖袭击、重大安保、流窜作案、套牌假牌、车辆偷盗,65%以上的案件都和车辆有关,对此涉车案特点总结分析如图8.2所示。

第8章 "互联网+"环境下相关行业涉烟情报研判实例

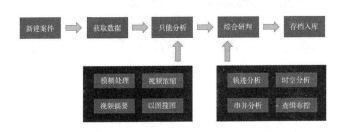

图8.2 涉车案特点总结分析

现有的视频侦查流程如图8.3所示。

图8.3 视频信息流程图

但是现有的视频侦查存在如下问题：

（1）"以牌找车"经常套牌假牌，连续更换车牌。

（2）"以图搜图"只能事后查找，逐个比对。

（3）"模糊查找"缺乏结构化的精确查找条件。

（4）"人工查找"无法实现海量数据的快速筛选。

（5）"操作复杂"现有智能分析类产品操作复杂。

（6）"资源整合"对于高清卡口、电警资源利用率低。

因此，如何解决找车难的问题，是办案的关键所在。

人工智能技术目前已被百度、阿里、腾讯、谷歌等互联网巨头公司广泛使用，公安部门引入了与人工智能相关处理系统，对于侦破案件有举足轻重的作用，人工智能框架如图8.4所示。

图8.4 人工智能框架

公安部门办案人员利用人工智能系统，对车辆进行特征提取，具体的特征提取如图8.5所示。

图8.5 全面的特征提取分析

通过特征精确找车的流程如图8.6所示。

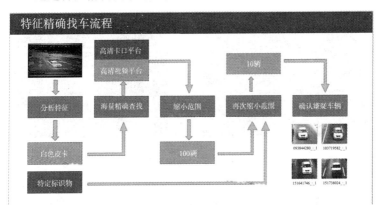

图8.6 特征精确找车流程

从原来常规的以牌找车、以图搜图、人工查找转变为现在的特征找车、以车找牌、海量检索。实现监控资源全覆盖，全面利用海量资源实现大数据检索。

特征找车的相关技术可总结如图8.7所示。

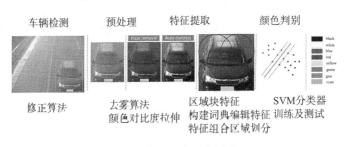

图8.7 特征找车相关技术

角度还原技术-角度偏转

支持水平30度角偏转

多目标检测-不漏车

系统具有基于车辆外形的多目标检测技术,一张图可输出多个检测车辆,防止丢车!现有系统一张图只输出一个车牌信息,其他车即被丢掉。

续图8.7 特征找车相关技术

多条件查缉布控,系统基于车辆多特征识别技术,具有多条件缉查布控,如图8.8所示。布控条件包括车牌、颜色、类型、品牌、车系、年款;支持多条件组合布控、模糊布控、精确布控。

利用此人工智能信息系统,可总结出全新的涉车案件视频侦查流程如图8.9所示。

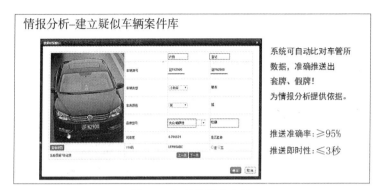

图8-8 多条件缉查布控

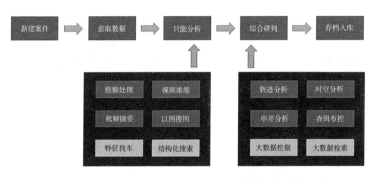

图8.9 人工智能信息系统总结出的涉车案件视频侦查流程图

目前"车辆大数据研判分析系统"已经服务于60多个地市公安用户,试点单位100多个公安用户,遍及全国26个省,协助破获案件几十起。以下几个案件就是公安机关利用"车辆大数据研判分析系统",用特征数据找车,在短时间内迅速找到涉案车辆,成功破案。

案例分析：

8.6.1 临沂市汽车盗窃案

2014年9月以来，临沂市兰山区白沙埠、李官、半程等派出所辖区发生盗窃移动公司基站内空调室外机及UPS电源电池案件5起，损失价值50 000余元。情报中队民警对以上案发地点周围监控录像进行仔细排查，发现9月8日21时19分，白沙埠镇红旗村移动基站被盗后嫌疑人驾乘一辆灰色五菱之光面包车经过朱七路–新文泗公路卡口，车号为鲁Q1970D，经查为假牌。我们利用单机版的"车辆大数据分析研判系统"，拷取了半程镇周围5个卡口的白天的过车数据10万余条，用一个晚上将数据跑完，发现五菱之光面包车140余辆，很快发现鲁QSH208的细节特征与嫌疑车完全一致。目前已完成抓捕。

8.6.2 新乡市入室抢劫案

2015年3月12日中午，新乡市刑侦支队接到报案电话。一住宅区居民家里遭到盗窃，钱财物品被洗劫一空。警方快速侦查，根据附近人口供，怀疑嫌疑人是开了一辆黑色的丰田皇冠轿车，车辆年款及具体人数不确定。

警方根据案发大致时间段，用华富睿智车辆大数据分析研判系统，查早6点到下午2点之间，该小区附近卡口以及主要出入口，系统共推送出30几辆丰田皇冠轿车，系统根据车辆标志物查找发现：车牌豫B73C15和豫JP3265其实是同一辆车，车辆款式为丰田–皇冠–2012款，非常可疑。

锁定了可疑车辆后，警方着手调取该车辆的行踪监控视频，发现车牌为豫B73C15的丰田-皇冠-2012款，9点30分左右出现在小区附近卡口，几分钟后，将车牌换成豫JP3265，驶入卫辉市区，10点47分卫辉市区卡口再次拍到，12点17分上高速驶离新乡卫辉，再次将车牌换回豫B73C15，去往郑州方向，最后确认该车为丰田-皇冠-2012款，车内2人，两个车牌均为假套牌。车辆是租车公司租来的，从河北进入河南境内，目前已抓捕。

以上案例均是使用"车辆大数据研判分析系统"对车辆进行特征提取，用特征去找嫌疑车辆，这与之前的以牌找车有很大的不同，借助人工智能手段，利用大数据，现在已经是公安部门侦破案件越来越常用的方法。这对于西安情报分析研判工作的启示就是实现涉烟情报全覆盖，全面利用海量涉烟情报资源实现大数据检索、分析以及研判，有效打击西安涉烟违法犯罪活动。

8.7 "大数据"思维在公安实战中的思考和实践

近年来，伴随着全国各地公安机关信息化的迅猛发展，数据共享和深化应用的需求空前高涨。但是，随着数据的汇聚和数据量的爆炸式增长，传统的数据库和数据仓库技术出现了诸多瓶颈问题，特别是对于PB级的非结构化数据处理以及多维度关联分析、数据挖掘、情报研判等需求，传统的数据存储和处理方式都面临着效率低、成本高、可靠性差、扩展能力不足等不可逾越的障碍。以搭建"大数据"处理和分析平台为突破口，寻求公安信息化应用新的效益增长点，已经成为公安机关信息化应用的热点问题。本文以两个案例的形式，分析了公安机关在"大数据"方面开展的一些新的实战应用和新的思维方法，以期供广大同行借鉴和参考。

作为烟草行业，有自身的特殊性，但是"大数据"处理和分析是"互联网+"时代的新趋势和必然，为此，我们有必要借鉴公安系统"大数据"采集分析办案的思路，为烟草情报分析研判工作服务，摸索出一套适合烟草行业的"大数据"分析研判体系。

8.7.1 电子警察疑似套牌车自动识别系统

（1）实例目标。这个实例目标是在近12亿"电子警察"（卡口视频抓拍系统）抓拍车牌数据中查找出套牌车辆，可称为"疑似套牌车模型"。和通用的数据挖掘方法一样，对于大数据的处理原则也是"以业务规则为核心，以数据资源为基础，以运算能力为支撑"。这个实例是在2011年初启动的，大约经过了半年多的研发和应用探讨，取得了一定的应用实效。

（2）操作流程。

第一步，业务规则制定。这个实例的业务排查规则是：在一个较短的时间段内，同一车牌不可能被不同路口"电子警察"抓拍设备抓拍到。这其中涉及三个变量，一个是时间，第二个是车牌，第三个是"电子警察"的地理位置。在与交警部门进行了业务规则研究后，最终确定的数量是：在5分钟之内，如果在距离大于10千米的"电子警察"同时抓拍到同一个车牌，这个车牌可能就是套牌，因为车速一般不能超过120千米/小时。另外，以"电子警察"位置经纬度测算其直线距离，比一般道路实际距离要短。

第8章 "互联网+"环境下相关行业涉烟情报研判实例

第二步,数据准备。如果面对的是千万级的数据,常规SQL查询语句就可以解决这个问题。数据量如果再大,采用分区表的形式一般也可以解决这个问题。但是,此实例中,遇到的第一个数据是车辆抓拍数据。数据量是3年"电子警察"抓拍的数据总和,目前南通的抓拍量大约是一天800万,最后3年的数据汇聚到12亿左右。因此,这个实例的总体技术框架可以用"HADOOP+ORACLE"来描述亿级以上的数据。这里指的是数据条数,因为针对的都是结构化的数据,笔者认为,先把结构化数据的海量数据处理到位,然后再开始启动半结构化、非结构化的大数据研究。亿级以上的数据用分布式的HADOOP来直接处理,或者称为预处理,可处理至千万级或者百万级数据,然后再依托传统的ORACLE来处理。第二个数据是"电子警察"的地理位置数据,可以从PGIS取得支撑,取得全市"电子警察"的经纬度信息。将本市所有"电子警察"卡口的坐标位置建立辅助表,记录每个卡口的经纬度,为计算不同卡口之间的距离准备。最后,还有一个重要的数据——时间。全市"电子警察"抓拍设备必须进行统一授时,否则这个亿级以上的数据模型就失去了意义。

第三步,利用HADOOP计算。这是最关键的一步,将12亿"电子警察"抓拍车牌数据,利用分块的模式,分别存储到10台普通PC服务器集群的HADOOP分布式存储环境中。每个块存储300万数据,分380个块存储在9台数据节点中,共占用存储空间103G。在数据传输交换上,使用分布式索引创建工具,经过3小时10分钟将数据从不同的oralce数据库存储到HDFS分布式存储环境中，如图8.10所示。而后，采用HADOOP的MAP—REDUCE模型，对分块数据分别进行运算，首先使用MAP对每个车在卡口的时间进行分组，MAP执行结束后，使用REDUCE对各个块的数据按照车牌号进行汇总，再使用MAP对每个车在卡口出现的时间与不同卡口之间的距离进行运算，对于在小于5分钟内，在距离大于10千米的卡口同时出现的车辆，认定为疑似套牌车。最后使用REDUCE将统计结果汇总。其具体执行过程如图8.11所示。

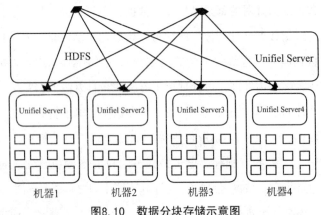

图8.10　数据分块存储示意图

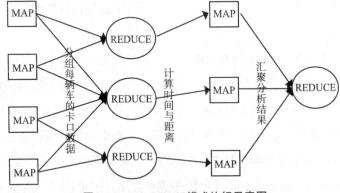

图8.11　MAP-REDUCE模式执行示意图

第四步，结果。这个运算模型在10台PC服务器组成的HADOOP集群中，以40个初始MAP进行分布式执行，经过约50分钟执行完毕，共排查出394辆疑似套牌车牌。这个效率已经基本能够满足应用要求。

（3）结果应用。人工辅助技术部门和交警部门共同研究分析了上述结果，发现在这394辆车里，有约三分之二（也就是250辆左右）的车是因为自动识别系统的误判造成的错误信息（如B和8、D和0容易出现误判），这说明公安机关抓拍设备的识别率还要提升。在余下的约150辆车中，已经在控的约有60辆，其他90余辆车通过人工辨别、研判，确认为新发现的套牌车，现已全部纳入了套牌车布控查缉系统开展后续工作。

8.7.2 违法犯罪人员入住宾馆规律

实例目标：分析10年以来在押的违法犯罪人员曾入住旅馆的规律，为治安防控核查工作提供指导。

通过多方努力，我们汇聚到10年的旅馆数据约5亿条，10年内本地在押的人员数据约65万条。利用计算机集群，首先建立了比对模型，根据HADOOP开展比对来组织数据，将65万条人员数据放到5亿条住宿数据中去找相同项。以"10+1"的模式，即10台服务器作为数据节点，1台作为控制节点，"跑"一遍的时间是50分钟左右。最后得到10年间在押的人员曾经入住旅馆数据约72.1万条。

（1）全部在押人员各时段入住旅馆情况的占比分析，具体情况如图8.12所示。这是一种比较常规的分析方式。面对70万的小数据，从10年全部在押人员自身入住情况对比，可称为"自占比"分析。从图8.12中可以看出，在押人员入住"自占比"的第一峰值在22时左右，第二峰值在13时左右，谷值在6时左右。这说明，按照10年来积累的数据看，我们关注嫌疑对象入住旅馆的重点时段应该是夜间10时左右和下午1时左右。

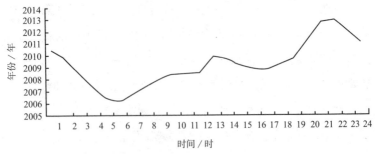

图8.12　各时段在押人员入住旅馆情况"自占比"分析图

（2）针对全部入住旅馆人员各时段占比分析，具体情况如图8.13所示。根据10年来全部数据量的规模，传统的关系型数据库处理这些数据效率会很低。用HADOOP的MAP-REDUCE计算框架，15分钟左右全部完成计算工作，得出如图8.13所示中的结果，可与第一项在押人员入住规律做比较。通过对比可以明显看出，在押人员入住"自占比"趋势与全部人员入住占比的趋势基本一致。这说明在21时和下午1时左右，本身也是正常人员入住旅馆的高峰时间。因此，这项分析虽有意义，但是针对实战的指导性分析还需要进一步研究。

（3）各时段在押入住旅馆人员与该时段全部正常入住人员的占比分析。如果把上面的比较分析方式称为关注对象的"自占比"，那还有另一种比较方式，即关注对象与全部对象之间的比较,我们可称为"全占比"。各时段在押人员入住旅馆的"全占比"情况如图8.14所示。另外还对在押入住旅馆人员的涉嫌案件类别做了汇总统计,见表8.1。

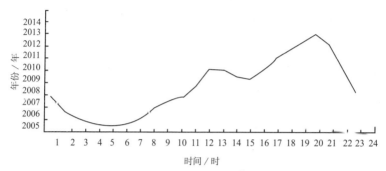

图8.13 各时段全部入住旅馆人员"自占比"分析图

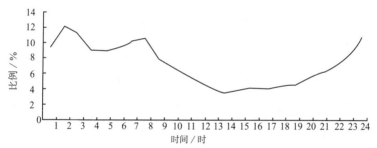

图8.14 各时段涉嫌盗窃类在押人员"全占比"分析图

表8.1 涉嫌案件类别汇总统计表

类别	10年入住旅馆的占比(该类入住次/全部在押入住次数)	排名
涉嫌盗窃	26.34%	1
涉嫌寻衅滋事	8.21%	2
涉嫌聚众斗殴	7.13%	3
涉嫌赌博罪	6.72%	4

进一步通过对上述两个案例思考分析，我们不难发现：基于大数据统计分析相关规律的业务建模，可能会逐步超越目前的行业经验，发现事物本质的新的联系，颠覆一些传统的行业规则，因此，迎接大数据时代的到来最需要的是一种全新的思维方法。

大数据思维是一个不断演进的过程，两个实例代表了对大数据处理与应用的一个演进过程。在起步阶段，我们受到小数据"思维的惯性控制，增加计算能力的直接目的就是为了提高精确性，总希望直接找到违法犯罪分子。但因为数据量庞大，传统的技术效率低，不能完成海量数据处理任务了，因此想到了分布式计算，并取得了一些应用成效。

在第二个案例中，我们进一步发现，大数据分析中的精确查询之外，还有更广泛应用的更重要的趋势分析和宏观研判。大数据处理更能体现的是一种群体行为，通过海量的数据去发现一个隐藏在数据背后的客观事实，公安大数据要更加重视通过各种工具与方法，通过海量数据的分析发现大数据中隐含的知识和关系。这种大数据的思路决定了我们今后的出路。规律分析是未来一个时期公安大数据应用的重点。从上述实例中可以看出，引用的数据并不是非常庞大，分析方式是比较简单的比对方法，展示方式也是用较直接和较单一的折线图，仅此就能挖掘出服务实战的结果，这是传统的数据处理方式无法实现的，这就是大数据思维产生的作用。

在小数据时代，由于掌握的数据量不够多，范围不够全，因此我们的决策更依赖直觉和经验，对事物规律性的把握往往需要一个很漫长的积累过程，而且也容易遗漏。但是，随着大数据时代的来临，丰富的多维度数据应用使得公安传统的业务思路得到了极大的丰富，大数据破题的真正关键，在于领会贯通大数据的思维方式。对于烟草部门而言，在"互联网+"时代，要借鉴公安部门的工作经验，不断地拓展思路，运用大数据，严厉打击涉烟违法犯罪活动。

8.8 公安大数据应用值情报分析与关联挖掘

近年来，随着信息化时代大数据的广泛运用，各类犯罪频发，犯罪分子的作案手段多变，反侦查意识进一步提升，社会不稳定因素加剧。将大数据应用于公安领域势在必行，为适应新形势的要求，全国各地公安机关正在全面实施"情报信息主导警务"战略，情报信息已成为公安工作的重要平台，成为公安机关从事各种工作的信息基础。

我们将以一个刑事凶杀案的侦破过程为例，与各位读者一起探索如何运用大数据情报分析可视化系统进行案件侦查。

系统通过案件中主要的三条线索：作案车辆，现场手机，受害人分别入手调查，利用从嫌疑人通信记录、出行数据、资金往来数据等几大类数据展开进行关联分析，最终确定凶手身份以及杀人动机，并锁定凶手藏匿地点。案件中用到的分析手段包括：

（1）初步关联线索分析，锁定嫌疑人。搜查现场遗落手机，通过对该电话号码相关数据库间关联分析锁定嫌疑人A。后续结合系统提供的数据流和时间轴助手，对案发前后A通话行为以及交通伴行行为进行线索挖掘以及关系索引，以实现线索的追踪展现，并发现与A关联密切的另一嫌疑人B，如图8.15所示。

图8.15 线索挖掘以及关系索引

（2）地域空间分析追踪嫌疑人逃窜路线，发掘藏匿地点。根据对案发现场附近各个摄像头监控视频内嫌疑车辆影像追踪，通过系统所支持的地理位置信息显示功能，如图8.16所示，确定罪犯逃离路线。同时，系统还支持在地图上点击对象查询与对象相关的位置信息。结合后续破案过程中其他线索，准确定位嫌犯藏匿地点。

图8.16 地理位置信息显示功能

（3）证据链深度挖掘，确认幕后主谋。系统通过对与本案

第8章 "互联网+"环境下相关行业涉烟情报研判实例

相关多源数据关联的可视化展现、交互分析,将分散隐蔽的证据、信息有效衔接,同时筛选排除干扰信息,将证据链完整呈现,如图8.17所示。最终通过资金往来以及人际关系分析锁定买凶杀人的幕后嫌疑人C。

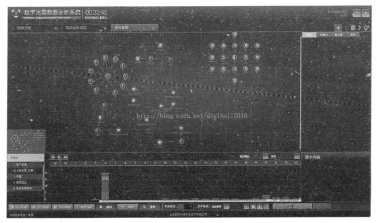

图8.17 可视化呈现

整个案件侦破过程中,众多线索烦琐且表面关联性不强,而实际公安系统中的真实案例更加复杂。若采用传统的破案手段不但耗费人力和时间,还有可能面临线索中断的窘迫情景。本案例中所采用可视化大数据关联分析手段通过直观的可视、交互手段,深度挖掘事物之间的关联线索,解决了这一难题。

正如我们所见,数据与数据间蕴藏着各式各样的联系,而这些关系之间更是隐藏着无限价值。通过可视化的手段将数据间有价值的关联关系深度挖掘出来,方能实现高效的数据分析和利用。

这套情报分析可视化决策系统正是通过数据关联分析手段,通过数据处理、存储管理、可视化交互分析等技术,实现图形化情报信息查询、可视化关联分析、证据链和情报线索发掘等功能。可广泛应用于网络安全、反诈骗、案件侦查、情报分析、国防安全等领域。

  以上八个案例，是烟草部门、公安部门、工商部门在应对"互联网+"时代，运用大数据的理念打击违法犯罪活动的典型案例。其中，公安部门走在新形势下，利用大数据侦破案件的最前列，已经形成了较为成熟的大数据收集、分析、研判体系，在实际的运用中取得了不错的成绩，也积累了丰富的经验。对于烟草行业而言，因为其自身的特殊性，不能照搬照抄公安部门运用大数据打击违法犯罪的过往经验，需要从中汲取适用于烟草行业的相关经验，进一步丰富涉烟情报分析研判工作方法，形成具有西安特色的"互联网+"时代运用大数据打击涉烟违法犯罪的新局面。

第9章 对涉烟情报研判系统未来发展的思考及展望

9.1 对涉烟情报研判系统未来发展的思考

"互联网+"时代运用大数据打击涉烟犯罪。大数据将使涉烟犯罪侦查模式发生根本性变革。大数据驱动的侦查模式是时代的必然选择，这不仅在于复杂的犯罪态势及其数据化生态，更在于大数据技术使得这种选择成为现实。在大数据时代，侦查要确立在线开放的理念、数据主导侦查理念、相关性理念、线上破案与线下证明相结合的理念。大数据驱动的侦查是一体性侦查、全景侦查、预测侦查和算法侦查。其机制主要有犯罪监控机制、犯罪侦破机制、犯罪预测机制。

1. 运用大数据打击"互联网+"环境下的涉烟违法犯罪活动，需要关注的问题

（1）重点人员透明化管控。构建实体空间和虚拟空间各种信息一体的人立方，展现全息视图，包括多维轨迹。

（2）重要空间实时智能管控。对重要地理位置高危人群流量状态分析、重点人员出入重要场所预警、其他异常现象。

（3）对在黑名单内的零售终端环节通过关系分析发现分销环节。

（4）在途物流预警。通过对在途的物流数据发现烟草专卖制品制定打击防控体系。

2.打击"互联网+"环境下的涉烟违反活动，需要树立"四个情报"覆盖意识

（1）背景情报意识。对某一战略问题历史背景的情报报告，是对问题的来龙去脉进行的百科全书式的全面介绍（如台州籍售假）。

（2）现状情报意识。它是关于战略问题当前状况的情报报告，在涉烟情报工作中主要是对总体形势或某一类问题威胁的分析（如网络售假）。

（3）预警情报意识。它是关于当前态势正在发生变化或即将发生变化的情报报告，通常需要尽快做出管理决策和应对措施。（如在途运输烟草制品。

（4）预测情报意识。它是关于未来状况的情报，在涉烟犯罪情报工作中是对未来几年趋势的预测报告（如"互联网+"寄递）。

9.2　对涉烟情报研判系统未来发展的展望

为了适应行业不断发展的需要，面对社会信息化的浪潮，必须建立起与之相适应的涉烟情报体系。目前，各地的涉烟情报研判系统处于起步发展阶段，相信随着时间的进展和各方人员的不断努力，会让涉烟情报研判系统在执法中起到更大的作用。以下是几点展望：

（1）建立涉烟情报信息的跟踪机制。系统对涉烟情报信息可进行持续、高效的研究与跟踪。稽查人员确定涉烟情报信息中哪些是应该关注的，信息的价值如何，如何利用等。研究到位后，通过系统进行下一步的跟踪。当前，卷烟市场较为复杂，网络化、科技化、信息化、家族化的涉烟违法犯罪现象屡禁不止，这就要求涉烟情报资源信息的研究也必须是持续、动态、跟踪式地进行。

（2）建立全国多方涉烟案件情报信息平台。制售假烟的网络往往是错综复杂的，它涉及的区域广泛人员众多，涉及的情报信息更是千丝万缕。不法烟贩之间互相勾连息息相通，售假网络跨越地域不断延伸，形成了纵横交错的庞大地下网络。一个网络案件不仅仅涉及当地涉烟违法犯罪甚至可以牵涉多部门多地区，这就需要案件所涉区域和人员的大量的、可靠的情报信息作支撑，需要涉及区域相关部门的协作支持。在卷烟打假破网工作中烟草专卖部门面对日趋复杂多变的市场环境，显得势单力薄。这就要求各级专卖部门要寻求更多的外部力量的支持，从大局出发，全盘考虑，形成多部门配合参与的合力。通过建立多方涉烟案件情报信息资源共享平台，可以大大地提高卷烟打假破网的效能。

（3）搭建纵横贯通的情报信息资源共享平台。具体来说，从"纵"的层面来看，就是专卖部门上下级之间涉烟案件情报信息平台。从"横"的层面来看，就是同级烟草专卖部门之间以及与同级相关执法部门、职能部门之间的信息平台。通过建立起烟草专卖管理部门之间的全方位、立体式的信息网络，将在办案件中涉及跨区域的涉烟违法犯罪网络的组织体系、运作流程、活动规律、涉及的区域和人员以及人员之间相互关系等信息通过信息平台传递出去，为打假工作争取主动、赢得先机，提高涉烟案件查处率。相关职能部门及时将获得的有关涉烟案件情报信息及时通过平台传递给烟草部门，烟草部门及时通过信息平台向相关职能部门传递卷烟打假情况以及需要由其协助查办的线索，实现资源共享信息通畅，就能确保相关部门在第一时间采取有针对性的措施，形成上下联动、区域及部门之间共同协作的卷烟打假破网工作机制。建立纵横贯通的涉烟案件情报信息平台是实现联动协作，提高卷烟打假破网效能，化卷烟打假破网被动为主动的有效途径。有效运用该信息平台，必将节约大量的执法办案成本，起到事半功倍的效果，更有利于长期保持卷烟打假破网的高压态势，能进一步推动卷烟打假破网工作的常态化和高效化。涉烟案件情报信息是烟草部门打击和防范涉烟违法犯罪的生命线。这也就要求要广辟信息渠道，建立健全情报信息网络平台，使涉烟案件情报信息流通过程保持最佳状态，各类涉烟情报信息资源能够得到有效整合，发挥涉烟案件情报信息平台的最大效用，才能及时有效的打击涉烟犯罪活动，进一步提升专卖管理工作水平。

希望我国涉烟体系日益增强，稽查人员努力实现"四个共同"，即共同商讨市场管理良策、共同营造打假打私氛围、共同打击市场不法行为、共同感受联合共建成果，进一步促进辖区卷烟市场的繁荣与稳定。

参考文献

[1] 张文宇.知识发现与智能决策[M] 北京：科学出版社，2014.

[2] 张文宇，李栋.物联网智能技术[M].北京：中国铁道出版社，2012.

[3] 张文宇. 数据挖掘与粗糙集方法[M]. 西安：西安电子科技大学出版社，2007.

[4] 薛惠锋，张文宇. 智能数据挖掘技术[M]. 西安：西北工业大学出版社，2005.

[5] 雷蓓丽. 对打击互联网涉烟违法犯罪的思考[J]. 新西部（理论版），2012（Z6）：83.

[6] 陶忆南. 浅谈构建物流运输业涉烟犯罪网络监管体系[C]//上海市烟草学会. 上海市烟草专卖局2015年度获奖论文专刊. 上海：上海市烟草学会，2016.

[7] 曾超. 试论涉烟犯罪的基本构成[J]. 湖南烟草，2009，（S1）：217–222.

[8] 钟家杰. 浅谈互联网涉烟违法犯罪的特点和应对策略[C]//中国烟草学会. 中国烟草学会2016年度优秀论文汇编：专卖管理主题.北京：中国烟草学会，2016.

[9] 杜亮. "互联网+"时代打击涉烟违法犯罪行为对策刍议[C]//中

国烟草学会. 中国烟草学会2016年度优秀论文汇编：专卖管理主题.北京：中国烟草学会，2016.

[10] 刘洋. 严厉打击涉烟犯罪维护卷烟市场秩序[N]. 菏泽日报，2007–09–21（A02）.

[11] 杨智中. 名烟名酒店涉烟犯罪新特点及其对策[J]. 重庆与世界，2011（23）：72–73，77.

[12] 李萌. "互联网+"涉烟违法犯罪活动治理对策探析[C]//中国烟草学会. 中国烟草学会2016年度优秀论文汇编：专卖管理主题.北京：中国烟草学会，2016.

[13] 高磊. 浅析"互联网+"新模式下涉烟违法犯罪的现状及对策[C]//中国烟草学会. 中国烟草学会2016年度优秀论文汇编：专卖管理主题.北京：中国烟草学会，2016.

[14] 黄海宁. 利用互联网从事涉烟违法犯罪活动问题研究[C]//中国烟草学会. 中国烟草学会2008年会会议论文集.北京：中国烟草学会，2008.

[15] 杨守波，郭亭. 打击互联网涉烟违法犯罪策略探析[J]. 法制博览，2016（1）：184–185.

[16] 李嘉庆. 山东探索建立打击涉烟犯罪新模式[N]. 人民公安报，2012–12–11（005）.

[17] 董文. 关于涉烟犯罪案件问题的思考[C]//广西烟草学会. 广西烟草学会2007年度学术年会论文集. 南宁：广西烟草学会，2008.

[18] 向前，吴尚鸿. 谈涉烟情报系统建设[J]. 价值工程，2013（3）：174–175.

[19] 闫厚强，路洪斌，孙启智. 基于涉烟情报信息系统创新的市场监管对策研究[J]. 价值工程，2014（1）：7–9.

[20] 王众. 论铁路烟草联合打假长效机制建设[C]//中国烟草学会. 中国烟草学会2016年度优秀论文汇编：专卖管理主题. 北京：中国烟草学会，2016.

[21] 唐仡杰. 探索如何经营涉烟情报线索，提升追刑破网成效[C]//上海市烟草学会. 上海市烟草系统2011年度优秀学术论文集（经济管理类）. 上海：上海市烟草学会，2011.

[22] 向前，吴尚鸿. 谈涉烟情报系统建设[J]. 价值工程，2013（3）：174–175.

[23] 曾召普，张家庚. 涉烟情报网络社会化体系构建研究[J]. 价值工程，2014（35）：328–329.

[24] 杨天水. 论新形势下如何有效打击涉烟违法犯罪活动[J]. 科技视界，2015（20）：317–318.

[25] 余瀛波. 微信陌陌等涉烟违法犯罪势头发展迅猛[N]. 法制日报，2015–05–30（002）.

[26] 紧密配合全面监管协同作战依法打击切实维护良好的卷烟经营市场秩序[N]. 大理日报（汉），2014–03–14（A04）.

[27] 侯丽，李亚子. 情报分析方法与情报分析软件的适用性探讨[J]. 情报科学，2014（4）：114–121.

[28] 赵洪超. 论公安情报分析方法在经济犯罪侦查中的应用：以对吴英案的网络舆情分析及其侦防对策为视角[J]. 法制博览（中旬刊），2012（1）：120–121.

[29] 谢晓专，周西平. 基于层次结构的公安情报分析方法研究进

展[J]. 图书情报工作, 2012（20）: 103–109.

[30] 赵芳. 基于大数据的企业竞争情报分析方法研究[J]. 图书馆学刊, 2015（2）: 33–36.

[31] 刘硕. 论犯罪情报分析方法[J]. 辽宁公安司法管理干部学院学报, 2007（3）: 88–90.

[32] 钱军. 亟需加强以实践为指向的情报分析方法范式研究[J]. 情报理论与实践, 2009（2）: 27–28, 60.

[33] 杨静, 刁筠波. 几种情报分析研判模式对我国情报主导警务工作的启发与思考[J]. 警察技术, 2011（5）: 70–73.

[34] 周晗. 从系统论视角剖析情报分析研判系统[J]. 甘肃警察职业学院学报, 2009（2）: 58–62.

[35] 魏喆, 刘长文, 李辉. 公安情报分析研判若干问题探究[J]. 北京警察学院学报, 2013（1）: 96–98.

[36] 李亦农. 论犯罪情报分析研判机制建设[J]. 山东警察学院学报, 2012（1）: 126–130.

[37] 蒋丽雯. 我国烟草专卖监管存在的问题及对策研究[D]. 湘潭: 湘潭大学, 2014.

[38] 胡哲, 陈然. 我国烟草专卖制度中行政执法问题研究[J]. 浙江树人大学学报, 2006（5）: 78–82.

[39] 田基平. 税务行政执法风险防范研究[D]. 长春: 吉林大学, 2004.

[40] 林浩. 工商行政执法风险防范研究[D]. 济南: 山东大学, 2013.

[41] 周秀云. 行政执法风险对策研究[D]. 长春: 吉林大学, 2016.

[42] 杨士林. 行政执法风险的内涵、表现及原因解析[J]. 云南师范大学学报（哲学社会科学版），2013（3）：97-105.

[43] 戴悦. 烟草专卖行政执法风险防控问题探讨[D]. 保定：河北大学，2014.

[44] 徐卓. 行政执法风险的法律防控机制研究[D]. 重庆：西南政法大学，2014.

[45] 柳砚涛，刘赫喆. 行政机关法律风险防控对策分析：以行政诉讼为背景[J]. 山东社会科学，2016（9）：145-151.

[46] 肖凌. 烟草专卖行政执法风险防控工作研究[J]. 现代国企研究，2016（22）：171.

[47] 刘森源. 坚持依法行政构建法治烟草：专卖执法法律风险防控体系建设研究[C]//中国烟草学会. 中国烟草学会2016年度优秀论文汇编：烟草法律法规主题. 北京：中国烟草学会，2016.

[48] 王振宇. 浅析烟草专卖行政处罚案件办理法律风险及防控措施[C]//中国烟草学会. 中国烟草学会2016年度优秀论文汇编：烟草法律法规主题. 北京：中国烟草学会，2016.

[49] 潘震球. 基于降低烟草专卖行政处罚环节法律风险的执法尺模式研究[J]. 经贸实践，2015（15）：311-313.

[50] 杨源. 我国烟草专卖执法法律风险防控[J]. 法制博览，2016（30）：194-195.

[51] 李加礼. 我国烟草专卖执法法律风险防控[J]. 现代国企研究，2016（6）：90.

[52] 王喆. 建设烟草商业企业法律风险防控体系的主要问题及对

策初探[C]//中国烟草学会.中国烟草学会2015年度优秀论文汇编.北京：中国烟草学会，2015.

[53] 杨华.烟草行业法律风险防控体系建设探讨[C]//中国烟草学会.中国烟草学会2014年学术年会入选论文摘要汇编.北京：中国烟草学会，2014.

[54] 向宝铸，周瑾.烟草行政处罚程序违法及对策探究[J].法制与社会，2016（8）：267–269.

[55] 田军，贺渲，田昕，等.基于侦查技术的怀化市卷烟打假体系建设及其创新研究[J].湖南烟草，2016（5）：50–51.

[56] 邹海莉.涉烟案件情报信息体系建设[J].现代商业，2015（23）：47–48.

[57] 童品德.竞争情报及其在我国发展问题研究[D].北京：首都经济贸易大学，2006.

[58] 乔姗姗.中法竞争情报资源共建共享研究[D].湘潭：湘潭大学，2010.

[59] 朱光耀.企业竞争情报信息资源应用的研究[D].北京：北京交通大学，2011.

[60] 符鹏.互联网涉烟案件的监管[J].重庆与世界（学术版），2013（12）：6–7.

[61] 杨天水.论新形势下如何有效打击涉烟违法犯罪活动[J].科技视界，2015（20）：317–318.

[62] 钟家杰，易鹏飞.浅谈互联网涉烟违法犯罪的特点和应对策略[C]//中国烟草学会．中国烟草学会2016年度优秀论文汇编：专卖管理主题.北京：中国烟草学会，2016.

[63] 张晶. 浅析涉烟情报网络在烟草专卖管理中的运用[N]. 东方烟草报, 2016–10–01（003）.

[64] 章寅. 移动互联网背景下烟草打假公共信息平台建设研究[C]// 中国烟草学会. 中国烟草学会2014年学术年会优秀论文汇编.北京：中国烟草学会，2014.